教育部人文社会科学研究规划基金项目成果：类型视域下高等职业教育"成才"与"成人"双成路径研究 项目批准号：21YJA880079

成人与成才："互联网+"时代高等职业教育的教学改革研究

易希平 著

吉林大学 出版社

·长春·

图书在版编目（CIP）数据

成人与成才："互联网+"时代高等职业教育的教学改革
研究 / 易希平著.——长春：吉林大学出版社，2022.2
ISBN 978-7-5692-9948-9

Ⅰ.①成… Ⅱ.①易… Ⅲ.①互联网络－教育工作－应用－
高等职业教育－教学改革－研究－中国 Ⅳ.① G719.2-39

中国版本图书馆 CIP 数据核字（2022）第 035123 号

书　　名：成人与成才："互联网+"时代高等职业教育的教学改革研究

CHENGREN YU CHENGCAI："HULIANWANG+" SHIDAI
GAODENG ZHIYE JIAOYU DE JIAOXUE GAIGE YANJIU

作　　者：易希平　著
策划编辑：朱　进
责任编辑：杨　平
责任校对：代景丽
装帧设计：王　强
出版发行：吉林大学出版社
社　　址：长春市人民大街 4059 号
邮政编码：130021
发行电话：0431-89580028/29/21
网　　址：http://www.jlup.com.cn
电子邮箱：jdcbs@jlu.edu.cn
印　　刷：三河市龙大印装有限公司
开　　本：787mm×1092mm　　1/16
印　　张：11.5
字　　数：190 千字
版　　次：2022 年 8 月第 1 版
印　　次：2022 年 8 月第 1 次
书　　号：ISBN 978-7-5692-9948-9
定　　价：52.00 元

摘　要

经过三十多年的探索与实践,我国高等职业教育正以其独特的发展、不可替代的服务、社会责任的担当以及令人瞩目的成就,获得了更多的关注和重视。然而,作为高职教育改革发展基本出发点的 成人与成 才并未能在恰当的位序和谐地汇集在一起,两者之间依然存在一定的疏离。这种疏离甚至在"互联网＋"时代得到了"技术性"的强化,在教学改革上表现为没有完全跳出职业性、实用性和工具性的藩篱,而陷入了适应性、单向度和同质化的发展之困,这些发展之困若不及时破解,必将形成一股强大的惰性影响并制约着高等职业教育进一步的创新发展。

本书基于"互联网＋"时代这个大背景,试图从中西古典教育和现代互联网的双重视角,围绕"培养什么样的人""学什么、教什么""怎么教、怎么学""评什么、怎么评"等问题展开研究,并以高等职业教育的教学改革作为整个研究的切入点,期待以教学目标、教学内容、教学方式和教学评价的改革作为实现高职教育 成人与成 才融通的突破口,为高等职业教育的持续健康发展提供可资借鉴的原型与范例。

本书的引言,主要介绍了本书问题的提出、相关核心概念的界定、相关研究综述和论者的观点、研究思路和研究方法等内容。

本书的第一章,成人与成才:高等职业教育改革发展的基本出发点。主要对"成人与成才"这一基本出发点进行内涵厘定和关系择定,明确指出"成才"是高职教育改革与发展的理性自觉,成人与成 才的统一是高职教育改革与发展的终极追求。

本书的第二章，成人与成才的疏离："互联网＋"时代高职教学改革面对的基本问题域。主要通过梳理高职教学改革的历史进程，明确成人与成才之间的关系变化趋向；通过厘清"互联网思维"的基本内涵、典型特征及"互联网＋"的基本意蕴，分析"互联网＋"对高等职业教育的冲击和重塑，明晰"互联网＋"时代高职教学改革所面对的"适应性""单向度"及"同质化"等成人与成才疏离的基本问题域。

本书的第三章，成人与成才的博弈："互联网＋"时代高职教学改革的实践探索。展示全国首批示范性高等职业院校之一的长沙民政职业技术学院在"互联网＋"时代进行教学改革的现实图景，分析、总结和反思长沙民政职业技术学院教学改革在处理"成才"与"成人"关系上的得失，并希望使之成为"互联网＋"时代我国高职教学改革基本策略的现实基础。

本书的第四章，成人与成才的融通："互联网＋"时代高职教学改革的基本原则。本章试图从两个方面为实现"互联网＋"时代高职教学改革成人与成才的融通，提供一些基本原则。一方面是从文明的源头、教育的原点、中西古典教育的智慧中找寻到历经千锤百炼、大浪淘沙的不变的内核与原生动力；另一方面是从互联网思维引发的教学变革中找寻到富有时代气息的外形与再生源泉。

本书的第五章，成人与成才的整合："互联网＋"时代高职教学改革的基本策略。主要是在前面研究的基础上，试图以中西古典教育的"成人"价值追求为源头和理念，以现代互联网的用户思维、大数据思维、平台思维以及跨界思维为技术和手段，提炼出高等职业教育在"互联网＋"时代进行教学改革的几条基本策略，这几条路径涉及了教学目标、教学内容、教学方式和教学评价等教学改革的核心内容。

ABSTRACT

After more than thirty years' exploration and practice, our higher vocational education has obtained more attention with its unique development, irreplaceable service, social responsibility and remarkable achievement. However, to be a real person or to be a talent, as the basic starting point, doesn't harmoniously come together in the right order of bits, and between them there is some estrangement, which is even technically intensified in the era of the internet plus, and which doesn't jump out of the hedge of vocational, practicability, and instrumental, but is caught in the plight of adaptation, one-dimension and homogenization. If these plights are not broken, there will be a strong sluggishness which affect and restrict the further innovative development of higher vocational education.

Based on the general background of the era of the internet plus, this dissertation attempts to research the issues of "what kind of people to cultivate" "what to learn and what to teach" "how to teach and how to learn" and "what and how to evaluate", with the educational reform of the higher vocational education as the entry point, the reform of teaching objectives, content of courses, teaching method and evaluation as the sally port, to provide a prototype and example for the sustainable and sound development of higher vocational education.

The first part is the introduction，which includes the raising of the questions，the defining of related core concepts，research overview and the researcher's viewpoints，the research thought and methods and so on.

The second part，to be a real person or a talent：The basic starting point of the reform and development of higher vocational education，defines the connotation and the relationship between "to be a real person" and "to become a talent"，which is the starting point of the dissertation. This part illustrates "to become a talent" is the rational consciousness of the higher vocational education reform and development，while the integration of "to be a real person" and "to become a talent" is its ultimate pursuit.

The third part is on the estrangement of "to be a real person" and "to become a talent"，which is the basic problem domain the higher vocational teaching reform is confronting with in the era of the internet plus. This part clarifies the changing trend of the relationship between "to be a real person" and "to become a talent" by systemizing the historical process of the higher vocational education and teaching reform，clarifies the basic connotation and typical features of the internet thought and the basic implication of "the internet plus"，analyzes its impact and the remolding of the internet plus，and clarifies the basic problem domain of the estrangement of "to be a real person" and "to become a talent"，such as "the adaptation" "one-dimension" and "homogenization" that higher vocational education is facing at the era of the internet plus.

The fourth part is about the game of to be a real person and to become a talent，which is the practice and exploration of higher vocational teaching reform in the era of the internet plus. It demonstrates the teaching reform reality of one of the first model higher vocational colleges，Changsha Social Work College，analyzing，summarizing and rethinking the success and failure in dealing with the issue of "to be a real person" or "to become a talent"，and hoping it can become the realistic foundation of our vocational teaching reform.

The fifth part is about the blending of "to be a real person" and "to become a talent", which is the basic principle of vocational teaching reform in the era of the internet plus. This part attempts to provide some basic principles for the realization of the present teaching reform, the blending of "to be a real person" and "to become a talent". One way is to seek those constant essence and primary driving force from the source of the civilization, the origin of education and the wisdom of the Chinese and Western classical education; the other is to search for the contemporary external form and renewable resources from the teaching reform evoked from the internet thought.

The sixth part is about the integration of "to be a real person" and "to become a talent", which is the basic strategy of vocational teaching reform in the era of the internet plus. Based on the previous research, this part attempts to extract some basic strategies of teaching reform with value pursuit of "to be a real person" of Chinese and Western education as the source and ideal, with "the users' thinking" "big data thinking" and "transboundary thinking" as the technology and method. And these ways involve the core contents of teaching reform such as teaching objects, teaching contents, teaching methods and teaching evaluation.

目 录

引　言

一、问题的提出

（一）高等职业教育取得的巨大成就

1999 年以来，伴随着高等教育大众化的进程，高等职业教育围绕"质量"和"公平"两大主题进行了卓有成效的探索与实践。作为与经济社会发展联系最为紧密的教育类型，高等职业教育在规模和数量上已占据了中国高等教育半壁河山，在内涵和质量上也取得了有目共睹的巨大成效，高等职业教育正以其独特的发展、不可替代的服务以及对社会责任的担当获得了方方面面前所未有的关注与赞誉。

2020 年《全国教育事业发展统计公报》显示，全国共有普通高校 2738 所，其中，本科院校 1270 所（含本科层次职业学校 21 所），比上年增加 5 所；高职（专科）院校 1468 所，比上年增加 45 所，占普通高校总数的 53.61%。2020 年，高职（专科）招生 483.61 万人，占普通本专科院校招生总数的 52.90%，高等职业院校在校生 1480 万人，高等职业教育已占整个高等教育规模的 45%。

2020 年，教育部在介绍"十三五"期间职业教育改革发展总体情况时指出，职业院校 70% 以上的学生都来自于农村，千万家庭都通过职业教育实现了拥有第一代大学生的梦想。这些学生不仅希望通过接受高等职业教育来获得人生出彩的机会，甚至还承载着改变家族命运的重大责任，谋求一份与自己学历、能力、素质相称的职业成为他们最朴质的目标诉求和最首要的学习动机。在及时、有效、积极回应这一诉求和动机时，或者说在促进教育公平的实践层面，高职教育发挥了至关重要的作用，让来自贫穷地区的学生真正实现了通过教育脱贫的期许和诉求，并起到了有效阻断贫困代际传递的作用。《2020 中国职业教育质量年度报告》显示，高职吸引力稳步提升。2019 年，高职院校学生招生实际报到率为 89.39%，相比 2015 年上升了 2.43 个百分点；高职毕业生就业率稳中有升，2019 届高职毕业生毕业半年后的就业率达到 90.55%，相比 2015 届毕业生的就业率，上升了 1.04 个百分点；高职毕业生半年后平均月薪持续增加，2019 届毕业生毕业半年后的平均月收入为 3815 元，比 2018 届毕业生增加 262 元，增幅达 7.37%，相比 2015 届，2019 届平均月薪增加了 889 元；毕业生就业满意度连续上升，2019 届毕业生的就业满意度为 93.74%，相比 2018 届的 93.43% 略有上升；毕业生就业单位类型多元，其中民营企业／个体工商户占比最多，约占 41.64%，毕业生就业单位的行业分布广泛，前 5 位行业分别为教育，建筑业，卫生和社会工作，信息传输、软件和信息技术服务业，制造业，毕业生自主创业比例持续增长，2019 届平均自主创业率为 2.02%，浙江、福建、西藏、山西、甘肃的毕业生自主创业比例超过了 3%。

（二）高等职业教育的现实困境

高等职业教育超规模、超速度的跨越式发展在满足人民群众接受高等教育的需要、优化高等教育结构，为产业发展提供人才支撑和智力支持，以及在推动高等教育走向大众化、普及化方面做出了重要贡献。

然而，一方面，随着中国城市化、工业化的加速发展，中国经济社会发展进入了转型升级的新常态，产业结构的优化、产业品质与效率的提升以及就业方向颠覆性的变化，对人力资源提出了新的要求。高职教育"成才"的质量、规格和品质不断向中高端发展，高职教育需要更多地培养与"智能化、柔性化、个性化、快速响应化的生产需求"相适配的具有创新精神、创造能力和批判思维的高素质技术技能人才，可是高职教育的改革发展实践却还未来得及做出即时、有效的回应。

另一方面，"互联网＋"时代的悄然而至，互联网信息技术及"互联网思维"不断颠覆、重塑着人们的生活、学习及工作方式，广泛影响着社会发展的各个领域、各个层面,在此背景下,高等职业教育围绕成人与成才而进行的教学改革发展似乎更加强化了对技术性的片面追求,依然没有完全跳出职业性、实用性和工具性的藩篱,在适应性和超越性、单向度和整全性及同质化和差异性的两维之间,没能保持恰当的张弛力,而偏至于适应性、单向度及同质化的一端,成人与成才并未能在恰当的位序和谐地汇集在一起,两者之间依然存在一定的疏离。

倘若这种适应性、单向度和同质化的发展之困不及时破解,必将形成一股强大的惰性影响并制约着高等职业教育的创新发展和特色发展。

(三)高等职业教育的必要选择

高职教育如何破解适应性发展、单向度发展和同质化发展之困,真正履行培养多样化人才、传承技术技能、促进就业创业的重要职责,真正成为广大青年打开通往成功成才大门的重要途径,真正实现让每个人都有人生出彩机会的价值追求?

时代赐予了高等职业教育全新的机遇。当前,我国经济正进入转型升级的重要时期,人力资源成为区域经济持续健康发展的关键性因素,社会需要大批具有良好职业素养的中高端技术技能型人才。加快发展现代职业教育,推动高等职业教育的创新发展,让每一个学生都能够成人、成才,是时代赋予高等职业教育的光荣任务和神圣使命。高职教育在面临区域转型和产业升级的历史新机遇下,其重心不能仅仅定位于服务地方经济社会发展,更要服务学生的终身发展,不仅要基于校企合作、工学结合培养学生的技术技能,更要付出心力培养学生的职业精神和职业道德。

当今时代是互联网信息时代,从农业文明—工业文明—信息文明,技术力量不断激发人类的创造潜能,"互联网+"正以席卷一切的力量,在全球范围掀起了一场前所未有的深刻变革,正以其"多中心、大数据、宽边界、快融合、高透明、广分享"的态势改变着世界。高等职业教育站在这个新时代的前沿,如何充分把握"开放、透明、融合、分享"的互联网思维精神内涵,将互联网思维真切地融入改革与发展之中(比如,努力创新网络学习空间平台与慕课、微课以及实践教学结合的有效形式,创造"以学生为中心"的翻转课堂形态,构建与产业链深度融合的特色专业群,引进和建设慕课、微课等网络学习资源用于教学,利用微信、微博来优化学生顶岗实习教学活动,等等),成为突破高职教育发展之困、提升内涵的当务之急。

　　同时，从中西古典教育智慧中汲取力量与源泉，也是高等职业教育正本清源、拨开发展之迷雾、彰显教育之真义的理性选择。布鲁姆在《美国精神的封闭》一书中把自己作为个体、作为个人公开坦诚地呈现出来，"贯穿全书，我不断提及柏拉图的《理想国》，对我来说，它是独一无二的关于教育的书，因为它确实为我解释了我作为个人、作为一名教师所体验到的一切，我总是用它来指出我们不应当希冀什么，把它作为谦和恭让的教诲"。①布鲁姆体验到了任何类型教育的永恒问题，"具有客观之美的经典著作依然摆在那里，我们必须帮助保护和培育从学生贫瘠的心田伸向它们的纤弱触须。时过境迁，人性依然，因为我们仍然面对同样的问题，即使外表有所改变；我们仍然有着解决这些问题的独特的人性需要，即使我们的意识和力量已经羸弱不堪。"②"我们必须寻找一些艺人巨匠用其大才美德，开辟一条道路，使我们的年轻人由此而进，如入健康之乡；眼睛所看到的，耳朵所听到的艺术作品，到处都是；使他们如坐春风如沾化雨，潜移默化，不知不觉受到熏陶，从童年时，就和优美、理智融合为一。"③柏拉图基于真实生命的理解论述了教育的目的、内容、方法及路径。

　　安提丰认为，苏格拉底不接受酬金可能是一个正义的人，但绝不是一个明智的人，苏格拉底这样回答：

　　安提丰，正如别人所欢喜的一匹好马、一条狗或一只鸟一样，在更大的程度上我所欢喜的乃是有价值的朋友；而且，如果我知道什么是好的事情，我就传授给他们，并把他们介绍给我所认为会使他们在德行方面有所增长的任何其他教师。贤明的古人在他们所著的书中遗留下来的高贵的遗产，我也和他们共同研讨探索，如果我们从古人的书中发现了什么好的东西，我们就把它摘录出来，我们把能够这样彼此都助看作是极大的收获。④

---

①艾伦·布鲁姆. 美国精神的封闭 [M]. 战旭英，译. 南京译林出版社，2011：330.
②艾伦·布鲁姆. 美国精神的封闭 [M]. 战旭英，译. 南京译林出版社，2011：329.
③柏拉图. 理想国 [M]. 见世界教育名著通览 [M]. 武汉：湖北教育出版社，1994：30.
④色诺芬·回忆苏格拉底 [M]. 吴永泉，译. 北京：商务印书馆，1984：37.

苏格拉底将"朋友式交往以及对贤明古人所著书的共同研讨探索"和"'好的事情'、'好的东西'的发现"作为理想教育的真义,前者涉及教育的日常展开形式,不过是与"有才德的人交朋友"而已;后者意指教育对日常生活的超越,乃是对美好事物的寻求,敞开生活的可能性。概而言之,在苏格拉底的内心深处,真正的教育就是基于日常生活而发生的、对超于日常生活世界之上的美善事物的追求。很显然,高等职业教育的真义也必定包含在苏格拉底的观点里,用现代术语转换一下:朋友式的交往以及共同研讨探索即教学方式;"好的事情""好的东西"以及"贤明古人所著的书"即教学内容;"德性有所增长"既是教学目标,也是教学评价的内容。

由此,本书基于"互联网+"时代这个大背景,试图从中西古典教育和现代互联网的双重视角,围绕"培养什么样的人""学什么、教什么""怎么教、怎么学""评什么、怎么评"等问题展开研究,并以高等职业教育的教学改革作为整个研究的切入点,期待以教学目标、教学内容、教学方式和教学评价的改革作为实现高职教育成人与成才相融通的突破口,为高职教育的持续健康发展提供可资借鉴的原型与范例。

二、选题的理论和实践意义

高等职业教育面向生产、建设、管理、服务一线培养技术技能型人才,过去二十多年在人才培养模式和课程体系方面的教学改革取得了明显进展,但在"互联网+"时代背景下围绕"培养什么样的人""学什么、教什么","怎么教、怎么学""评什么、怎么评"的具体教学过程而展开改革的力度并不大,相关研究的成果也并不多。

本书从中西古典教育和现代互联网的双重视角,明确指出高等职业教育改革发展的基本出发点在于成人与成才的融通,并依托现代互联网信息技术(比如:互联网云平台、世界大学城网络学习空间等)改革教学内容整合方式、教学方式及教学评价方式,提出"解构、重构,打碎、集成,简约、泛在,翻转、互动"的理念,探索解决在"互联网+"时代,高等职业教育应该要培养什么样的人,教学课程资源应该如何建设、如何应用,教师如何组织与实施课堂教学并真正成为学习的组织者与指导者,学生如何才能更好地掌握知识和技能并真正成为学习的探究者和主导者等关键问题。本书的展开与探索,对于拓宽中国高等职业教育研究视域,对于解决中国高等职业教育在“互联网＋”时代背景下的“培养什么样的人”“学什么、教什么”“怎么教、怎么学”“评什么、怎么评”等基本问题具有积极的理论创新意义。

本书采用内容实用化、资源碎片化、教学表格化、课堂翻转化、互动多样化等基于现代互联网信息技术的方法,创建实名网络空间资源课程碎片化生产方式和实名网络空间资源课程系统化集成方式,创造了基于网络空间资源课程的教学方式并通过空间呈现、空间留言等方式强化对学生探究学习过程的成果分享和学习指导,并使之成为操作性强的翻转课堂形式和学生最喜欢的教学互动方式。本书的前期基础成果已经在长沙民政职业技术学院全校推广应用,目前,全校已形成由 874 门空间资源课程组成的包括 265 门开放课程（其中 17 门国家资源共享精品课和 1 个国家级专业教学资源库等优质教学资源）在内的空间资源课程墙和由空间－ISAS、空间－PBL、空间－预约制、空间－讨论课等教学方式构成的翻转式学习形态。

随着研究的深入,力图为中国高等职业教育的教学改革实践提供典范与原型,以期对提高中国高等职业教育教学水平和人才培养质量产生积极影响和良好的辐射效应。

三、核心概念的界定

（一）“互联网＋”

当人们习惯以互联网思维来重新审视人类生活世界各个领域时,必然会导致“互联网＋”的应运而生,“互联网＋”正是互联网思维及技术对传统行业的改造与重构,是互联网思维在具体行动上的显现。

“互联网＋”这一概念,在我国首先是由易观国际董事长兼首席执行官于杨在 2012 年 11 月第五届移动互联网博览会提出,他认为,“互联网＋”应该是所有行业产品和服务与多屏全网跨平台用户场景结合之后产生的一种化学公式。2015 年 3 月,“互联网＋”行动计划首次写入李克强总理的政府工作报告,这标志着“互联网＋”正式被纳入国家顶层设计,成为我国经济社会发展创新驱动的重要形式。

“互联网＋”究竟意味着什么呢？用马化腾的话来说,“‘互联网＋一个传统行业’,代表了一种能力,是对这个行业的提升”。事实上,“互联网＋”

的核心和关键在于这个"+",正是通过这个"+",互联网与已有的各行各业结合起来,创造出一种新的生态。

从互联网自身生态来看,随着 Web2.0 的出现,信息传播方式呈现了"去中心化""用户生产内容"及"平台化"的新特征,基于大数据、人工智能技术,每个人都能够成为网络社会中的独立信息源,单向信息传播模式已经被多向模式所取代。因此,"'互联网+'不只是对传统互联网某一方面或某一局部的提升,而是一次全新的革命,在这次信息革命中,主角从一个传播时代转向智能感应时代。"①

从结构生态来看,"互联网+"打破了原有社会结构、经济结构、产业结构、文化结构之间的"生态平衡",重塑了一种共生共荣的全新结构。在"互联网+"条件下,传统结构可以利用跨界融合进行自我变革和转型升级,不同领域之间可以实现"连接一切",②将生产、流通、消费、服务等环节互联互通,培育出全新的结构生态。

从社会生态来看,"互联网+"为营造一种创新的、开放的、参与的、便捷的和高效的社会生态奠定了基础。在这样的社会生态之中,人人都会激发出最大的潜能和智慧,人人都可以成为和谐社会的建设者和创造者。正如俞可平提出的,"社会治理的理想结果是'善治',其本质特征是政府和社会多元主体对公共生活的合作管理。"③"互联网+"完全有能力构建政府与社会沟通的开放平台,促进各阶层主动参与到公共生活之中。

(二)中西古典教育智慧

当今时代,物质主义、享乐主义和技术主义成为支配我们思想和实践的基本要素。在教育领域,表现为几乎所有的行动都指向世俗生活中的名与利,知识和教育仅仅缩减为个体世俗生活成功的工具和手段,个体的情感寄托和价值依归几乎失去了赖以凭靠的精神源泉。

"受过高等训练的计算机专家,在道德、政治和宗教方面的学识未必比最

①项立刚."互联网+"是第七次信息革命 [N]. 环球时报,2015-3-9.

②马化腾等. 互联网+国家战略行动路线图 [M]. 北京:中信出版集团,2015:5-12

③俞可平. 治理理论与公共管理 [J]. 南京社会科学,2001(9):40-44.

愚昧无知的人强多少。恰恰相反，他受过的狭隘教育伴随着偏见与傲慢，还有那些今天看明天扔、不加批判地接受跟前小聪明的文献，切断了他与人文学识的联系，而那是普通民众通常从各种传统渠道就能学到的。……现在的教学体制除了受市场需求的左右之外，全然不能分辨什么重要什么不重要。"①

　　一个聪慧的头脑如果没有了正直的品质，没有对德性、自由和尊严的敏感性，将会着眼于短期的个人利益，而使得教育要培养卓越的心灵、健全的个性和丰富的内涵的终极目标变得支离破碎、遥不可及。钱理群教授曾不无担心地提出，中国大学正在培养"精致的利己主义者"。对此，北京大学原校长林建华在接受记者采访时表示，他理解的意思是，"这些都是高智商的人，如果价值导向不对，对于社会的危害会更大，我不认为这是我们学生中的主流，却是一种需要高度关注的倾向"②。那么，除了高度关注之外，似乎更应该找到一条回到起点的道路，古典教育智慧或许可以成为一个重要向度，当然不是全部。

　　从中西古典教育智慧中寻找丰润生命、提升品质、陶冶心灵的精神资源，已经在当下中国形成了一定程度的自觉。中西方古典教育智慧主要有两个源头，其一是古希腊文化，古希腊是西方文化的源头活水，毫不夸张地说，如果在个人的心理结构和文化内涵中不包含古代希腊的精神意蕴，如果在个人的体验和感悟中与古代希腊的哲学、科学和艺术无缘，如果在个人日常的思考和阅读中与《理想国》、《政治学》、塞涅卡、西塞罗、《圣经》无涉，那么，一个西方人是不可能成其为西方人的。希腊、罗马和希伯来，这三者共同构成了西方文化的古典源头和原生形态。希腊在浩瀚宇宙中把哲学拉回到人间，"人"第一次成为万物的尺度；罗马面对"无序"和"狂乱"的公共生活，将"法治"界定为不可逾越的共同承诺；希伯来真正领悟了人的有限和脆弱，召回了敬畏与谦卑的神圣观念。"那些从少年时代就开始濡染古希腊文化之高贵的人们，会终生都保持一种生命的灵感；他们会保持一种优雅的气质，一种高贵的品位和对于高贵德性的直觉，而这些，如果没有少年时代的濡染，可能

---

①艾伦·布鲁姆．美国精神的封闭 [M]．战旭英，译．南京：译林出版社，2007：14．
②王曦煜．"精致的利己主义"不是主流 [EB/OL]．中国广播网，2015-03-08．

永远都是无缘亲炙的。"①

其二是中国的先秦文化,先秦文化是中国文化的价值源头和精神归宿,先秦诸子是中国人从各个维度思考问题的开端,"百家争鸣"启迪了思想的激流,"仁者爱人""无为而治""兼爱非攻""有教无类"等价值观念几乎奠定了整个中国古典社会两千年的发展基调,"谦谦君子""德行修养""以德治国"及"隐忍不发"等中国人的日常行为方式,无不铭刻着先秦诸子深深的烙印。如果离开先秦诸子的经典思想,中国文化将失去筋骨和脊梁,后续的文化思想发展就犹如无根的浮萍,漫无目的地四处飘荡。如果说"西方思想史不过是柏拉图的注脚"②的话,那么,一部中国思想史就是孔子的注脚。

古希腊和先秦开启了"人"的古典时代,开辟了人类史上第一个轴心时代,"直至今日,人类一直靠轴心期所产生、思考和创造的一切而生存。每一次新的飞跃都回顾这一时期,并被它重燃火焰。自那以后,情况就是这样。轴心期潜力的苏醒和对轴心期潜力的回忆,或曰复兴,总是提供了精神动力"。③

(三)高等职业教育

高等职业教育并不是一个国际通用的概念,其他国家的高等教育和职业教育中没有这个称谓,而是一个由中国独创的本土化概念。

高等职业教育是对应《国际教育标准分类》的5B级教育,其"课程内容是面向实际的,是分具体职业的,主要目的是让学生获得从事某个职业或行业,或某类职业或行业所需的实际技能和知识,完成这一级学业的学生一般具备进入劳务市场所需的能力与资格"。高等职业教育的培养定位是面向一定的职业,教学的定位是传授知识与技能,这是与普通高等教育的根本区别所在。

《现代职业教育体系建设规划》(2012—2020年)中明确把高等职业教育划分为专科层次职业教育、本科职业教育、专业硕士教育和专业博士教育,

①雅斯贝尔斯.大学之理念[M].邱立波,译.上海:上海人民出版社,2007:158-159.
②怀特海.过程与实在[M].杨富斌,译.北京:北京城市出版社,2003:70.
③雅斯贝尔斯.历史的起源与目标[M].魏楚雄,俞新天,译.北京:华夏出版社,1989:14.

分别对应培养高级技术技能人才（含高端技能型人才）和专家级技能型人才。可见，高等职业教育是高等教育的重要组成部分，它既是高等教育的一个重要类型，又是职业教育的高级层次，包括专科层次、本科层次和研究生层次。

（四）高职教学改革

教学是教师和学生借助于适当的环境与条件，按照社会和人自身的需求，围绕德性养成、知识增长与能力改进等中心问题所进行的一系列接近于人类认识世界实践的有效的特殊活动方式。

教学是教育大系统的一个核心小系统，教学改革有赖于教育大系统改革的推行，教育大系统的改革成功与否，有赖于教学改革这个核心内容的改善与调整。①

高职教育的教学改革是关于教育理念、学校定位、人才类别、教学目标、教学手段、课程、教材、教学模式、教学方法等多个方面，对人才培养的目标与路径进行全面、系统的改善与调整行为的总称②。

四、综述国内外有关本课题的研究动态和本书的观点

（一）基于成人与成才的高职教育教学研究

以“成人”“成才”“高等职业教育”三个关键词检索中国知网和万方数据库，没有找到相关研究，以“成人”“成才”“教育”三个关键词检索中国知网和万方数据库，有 2000 多条相关研究。

1. 教育视域下成人与成才的关系

综观已有研究成果，关于教育视域下的 成人与成 才的关系，有两类比较典型的观点，一是“先后论”；二是“轻重论”。

有研究者认为，“人才总是具有一定的职业性和专业性……基础教育……是现代社会中每个人所必须接受最低限度的教育，强调人的基本素质的健全，而不是职业和专业素质的培养，它主要实施非定向和非专门的普通科学文化知识的教育，与职业性和专业性的教育有着性质上的不同，因

---

① 王丽霞. 以学生为中心的教学设计探析 [J]. 天津市教科院学报，2004(6)：84-86.
② 柴福洪，陈年友. 高等职业教育名词研究 [M]. 北京：高等教育出版社，2012：182.

此,基础教育的目的定位于培养'人才'显然不合适,'成人'先于、重于'成才'"①。鲁洁教授指出,"人是一种超越性的存在",这既是"教育的人学依据,也是教育之所期待"②,在超越的意义上,教育的"成人"绝对不能安于已有的生存状态,始终对美好充满着憧憬期望,始终要摒弃适应性的"成才"藩篱。英国的纽曼认为,只有那些追求陶育学生品性,使其变得"博雅"的教育,才能称之为"教育",与之相对应,其他任何指向培训专业或职业技能的活动,不能享有"教育"之美名,充其量只配叫作"教学",③纽曼教育理念中"成人"的分量显然比"成才"要厚重得多。

我国高等教育比较重视学生的成才教育,而相对忽视学生的成人教育,表现为成人理念的缺失和成器、成材倾向的蔓延,教师传实用之技,学生承谋生之术,求一技之长成为高等教育的主要诉求。

成才教育在高等职业教育中表现得尤为突出,通过梳理研究者对高等职业教育目标的有关表述,可以发现,赋予高职教育目标的"统一外型"是人才,"实用型人才""应用型人才""高素质技术技能型人才"的不同表述,只不过是随职业性、实践性、技术性内涵和外延的变化而变化,只不过是随经济社会发展的功利性需求的变化而变化。2014年的全国职业教育会议提出,职业教育要"服务发展",尽管这个"发展"包含了人的发展,但是,人的发展依然比较偏重于促进就业和服务经济的人才的发展。

2. 职业教育视域下成人与成才的融合

黄炎培认为,职业教育绝不只是技能的培养,更是关注人的情感、促进人的可持续发展、给予人快乐的教育④;杜威推崇富含"人文性"的职业教育,他认为职业教育的"实用"是对"所有人"的全面协调发展的实用,而非纯功利性和工具性的实用,主张在职业教育过程中将技能训练与文化修养融为

---

①扈中平.教育目的应定位于培养"人"[J].北京大学教育评论,2004(3):24-29.

②鲁洁.超越性的存在——兼析病态适应的教育[J].华东师范大学学报(教育科学版),2007(4):6-11+29.

③纽曼.大学的理念[M].高师宇,译.贵阳:贵州教育出版社,2003.6.7

④中华职业教育社编.黄炎防教育文集[M].北京:中国文史出版社,1994:75

一体。"人的根本就是人本身"①，"一个人要能完全胜任工作并充分享受工作的快乐，就应该懂得工作的社会学的、历史学的、文学的、基础艺术的各个方面"②，"技术与职业教育应有利于个性的和谐发展，培养思想和价值观，培养理解、判断和分析事物及发表意见的能力"③，马克思、布鲁贝克、联合国教科文组织对于"乐业"和"乐生"的看法远远超越了"职业"和"技术"的范畴，不约而同回到成人与成才的融合。有研究者指出，在当下中国"创新驱动""转型发展""互联网＋"等战略举措下，技能型、技术型、复合型技术人才的培养得到了进一步强化。有研究者强调，高等职业教育要力求逐步摆脱"适应性"成才和经济、产业、效率等因素的束缚，使得以"适应"为主要特征的职业技能与以"超越"为基本诉求的职业精神高度融合。有研究者认为，始终要把培育"完整"生命意义的人，作为高等职业教育竭力追求的价值目标和终极使命。在互联网"工具变革""思维变革"的启迪下，有研究者提出，互联网的开放共享突破了传统教学无法克服的时空、人数限制，让人性的卓越、人格的健全、直觉的丰润、想象的激扬及灵感的芬芳等非直接实用的教育价值在"技术上"便捷地融入当下大规模的"成才"教育之中。

3. 高等职业教育与"工匠精神"

正是意识到高等职业教育目标偏重于"成才"的缺失，有关研究者希望通过重拾"工匠精神"来匡扶日趋式微的"人心"。特别是当李克强总理在2016年政府工作报告中提出"鼓励企业培育精益求精的工匠精神"，引起了社会各界的强烈反响，高等职业教育界更是趋之若鹜，似乎一夜之间找寻到了解决高职发展中成人与成才问题的法宝。

研究者主要从国外寻找"工匠精神"的"原型"与"典范"。日本家具企业秋山木工的创始人秋山利辉在其著作《匠人精神：一流人才育成的30条法则》中以极其通俗的语言告诉大家，"'一流的匠人，人品比技术更重

①马克思，恩格斯. 马克思恩格斯选集：第一卷 [M]. 北京：人民出版社，1995：9.
②布鲁贝克. 高等教育哲学 [M]. 王承绪等，译. 杭州：浙江教育出版社，2002：94-95.
③俞步松. "做强高等职业教育"视野下高职院校文化素质教育的哲学审视 [J]. 中国高教研究，2010(4)：87-89.

要'，'有一流的心性，必有一流的技术'，'全心全意投入，终有修成正果的一天'，'为自己、为他人、为社会工作，生命将熠熠生辉'"[1]。日本株式会社东光舍以其"小而美"的审美意识、"永不妥协"的自负精神将"始终如一"的匠心精神诠释得淋漓尽致。日本影片《入殓师》中葬仪师的感慨，"当你做某件事的时候，你要全身心投入进去，与它建立起难以割舍的情谊，将它视为与你一样有灵气的生命体，用心与它交流"。

研究者也从国内挖掘"匠心之美"。诸子百家争鸣的春秋战国时代的墨子、鲁班和庖丁、发明地动仪的东汉张衡、创造木牛流马的三国诸葛亮、撰写《梦溪笔谈》的北宋沈括、撰写《天工开物》的明朝宋应星……，这些都是古代匠人的典范。在当代，也不乏火箭"心脏"焊接人高凤林、航空"手艺人"胡双钱、高铁研磨师宁允展、"两丝"钳工顾秋亮等平凡的劳动者演绎着"匠人精神"的风采和魅力。

但是，已有的研究并没有就如何将工匠精神或匠人精神融入高职教育日常教学过程中、如何设计包含工匠精神或匠人精神的课程内容、如何使之内化为学生自身的一部分等问题进行有效的探索。

（二）关于互联网信息技术与高等教育教学改革的关系研究

围绕互联网信息技术与高等教育的教学改革，众多学者、专家做了卓有成效的探索与研究，形成了一系列的研究成果。

特别是随着大数据时代的到来和网络信息技术的创新，互联网思维、慕课、微课、翻转课堂等新名词层出不穷，引起了社会各个层面的高度关注，教育行政部门主动融入，各高校特别是知名高校在实践中做了积极探索，诸多学者从不同视角进行探讨，出现了一批颇有价值的研究。比如，王竹立在《碎片与重构：互联网思维重塑大教育》（北京：电子工业出版社，2015年）一书中描述了一幅网络时代教与学的"清明上河图"，内容涵盖学校教育、网络教育、网络学习、包容思维、知识创新和教育创新等方方面面，对教育信息化热点话题如电子书包、慕课、微课和翻转课堂等均有独到见解。

---

①秋山利辉.匠人精神：一流人才育成的30条法则[M].陈晓丽，译.中国台北：大块文化，2015：11，30，9，135.

以慕课（MOOC）为例，研究者不仅仅关注课程建设本身，更涉及高等教育改革、在线教育教学改革、微课（翻转课堂）教学模式等各个方面的研究。

慕课与高等教育改革研究。主要有如下关注点，一是关于慕课的简述。主要参照国外的研究成果，阐述慕课的含义、类型、平台、现状及发展等问题，在类型上区分了三种慕课，一种是作为开放教育资源的、建立在关联主义（联通主义）学习理论基础上的cMOOC；一种是以行为主义学习理论为基础的、结构化的、与学习者建立合约关系的xMOOC，这两种慕课对于学生来说，其学习行为完全是基于主体性的个人行为；还有一种是在线开放教育资源与传统面对面课堂结合的混合慕课，混合慕课是对前两种慕课的超越，平衡了开放与封闭、线上与线下的关系，学生既可以在没有时空限制的情境里获取知识，又可以在传统的课堂里与老师进行深入的交流和个性化的沟通。二是　慕课对高等教育的冲击。研究者一般认为，慕课发展给高等教育带来巨大冲击，同时也蕴含着巨大的发展机遇。比如，有的研究者认为慕课对高等教育的影响是双重的，一方面，它创造了让高等教育重新思考教学意义和形式的机遇，可以使更多的人接受优质高等教育，另一方面，那些基于行为主义的xMOOC并没有突破古老而又过时的行为主义的教学法，并没有在促进学生主体性的提升方面有过人之处。还有研究者认为，慕课是主动性的心智训练、实现了更广泛的知识交往和虚拟的一体化的科研—教学—学习，是对大学教育理念的继承与超越；在知识观上走向了建构主义和联通主义，在学习观上扭转了教授主义和行为主义的偏离，在交往观上打破了内外交往的界限，在治理观上促使了内外治理的紧密结合。[①]

慕课与教育教学改革研究。研究者讨论了如何更好地在慕课等在线教育中实现个性化的学习。慕课以学习者为中心，以先进的学习工具为支撑，营造轻松愉悦的氛围，充分考虑学习者的兴趣和需求，激发学习者渴望学习的欲望并将其转化为持之以恒的日常学习行为。慕课按照学生的性格、志趣、爱好、基础等制定个性化学习方案，依着“性之所近”和“力之所能”随时随

---

①杨红旻. MOOCs 对大学教育思想的继承、超越与变革 [J]. 教育发展研究，2014（7）：8-13.

地进行学习。这种学习方式使得传统教学中失落的"人"重新以主体的身份回归；传统以教师为主导的课堂，转变为以学生为中心的学堂，使教师、学生和学习环境各要素在"人"的充盈与丰富中相互吸引和融通，呈现出心与心相遇、相知、相会的超然状态。有研究者认为，慕课创设了一种多元文化碰撞交融的平台，学习者不同的身份、不同的学习动机以及不同的学习效果，决定了慕课的结构必定是多元和非线性的，对其功效的判断绝不可以做出非此即彼的简单结论，理性的做法是在客观冷静分析的基础上，比较准确地揭示慕课背后所潜藏的多元价值导向和多种利益诉求，从而引导其健康发展。

慕课与翻转课堂教学模式研究。所谓翻转课堂，正是"互联网+"条件下的一种教学新形态，其基本思路是将传统的"课内传授知识—课外练习内化"的教学顺序翻转过来，在课前进行知识的自主学习，课中通过交流和评估实现面对面的深度互动学习。有的研究者认为，翻转课堂作为一种崭新的教学组织形式，最突出的贡献是师生之间面对面深层次交流的时间和机会更多了，这是对传统课堂教学人与人交流时"面对面的有用性"价值的强化。这种将知识传授与知识内化的时间进行反转的教学模式，倘若没有先进学习服务系统的支持，在很大程度上，学习者课前自主学习的效果就没有办法保证。有的研究者设计了基于 xMOOC 的翻转模式，在这种模式下，教师将xMOOC 优质在线资源融入课堂教学，设计出线上与线下相结合的混合学习方法，线上指导学生在课下进行课堂教学视频的学习、练习与交流，线下在面对面的课堂上进行答疑解惑、分析总结、反馈评价。

另外，一些博士论文和硕士论文分别从价值取向、课程资源、教学方法、教学过程、教学管理等方面与互联信息技术联系在一起进行了研究。

如《教学系统设计理论和方法研究——教学处方理论和 ISD-EPSS 的设计与开发》（郑永柏，北京师范大学 1998 年博士论文）、《网络教学支持系统的研究与实现》（余胜泉，北京师范大学 2000 年博士论文）、《现代信息技术基础上的自组织课程研究》（林培英，北京师范大学 2000 年博士论文）、《信息时代高等学校教学过程的变革及其运行机制》（刘承波，厦门大学 2002年博士论文）、《教育资源数字化的价值取向研究——基于西部四地两个现代远程教育项目的考察》（罗江华，西南大学 2008 年博士论文）、《批判与超越——信息技术在基础教育中的价值重构》（伍正翔，东北师范大学 2009 年博士论文)、《开放教育资源（OER）国际比较研究》（张轶斌，华东师范大学 2011 年博士论文)、《开放教育资源（OER）在大学教学中应用的中外比较研究与实践探索》（杨满福，南京大学 2014 年博士论文)、《未来教室的教育功能研究——以 S 市"未来教室变革课堂教学项目"为例》（王东，华东师范大学 2016 年博士论文）等；《多媒体网络环境下的发现式学习》（马德民，北京师范大学 1998 年硕士论文)、《基于云计算服务的协作学习教学实践研究》（张晓芳，上海师范大学 2013 年硕士论文)、《通过基于网络与课堂教学结合的合作学习提高高职院校学生英语水平的研究》（李小金，西北师范大学 2008 年硕士论文)、《基于 . net2.0 的 E-Learning 学习管理系统的研究与开发》（李志纯，厦门大学 2009 年硕士论文),《基于微信的研究生网络协作学习模式研究》（苏佳，河南师范大学 2014 年硕士论文),《MOOC 兴起对高等教育的影响》（陈柳，广西师范大学 2014 年硕士论文),《传播学视角下的大学 MOOC 研究》（陈淼，湖南师范大学 2015 年硕士论文),《基于网络学习行为分析的学习风格识别及其实证研究》（刘自慧，北京邮电大学 2015 年硕士论文),《互联网＋教育视域下"微课圈"在中职计算机课程中的应用研究》（庞娜，河北师范大学 2016 年硕士论文）等。

可以发现，已有的研究更多关注互联网信息技术对于高等教育教学改革的积极一面，比较突出从技术手段上为更好地服务人才培养提供可能性，而没有充分意识到技术性的片面强化必然会在很大程度上不利于高等教育成人与成才双重目标的顺利达成。

（三）关于"互联网＋"时代高等职业教育的教学改革研究

通过检索万方数据库和中国知网数据库，笔者发现，2015 年以前，以"互联网＋"时代为背景的高等职业教育教学改革研究几乎没有，自 2015 年 3 月，当"互联网＋"行动计划首次写入李克强总理的政府工作报告，成为我国经济社会发展创新驱动的重要形式时，相关研究逐渐多了起来，但相关研究成果整体依然偏少，而一般性关于高职教育的教学改革研究却有很多。

1."互联网＋"与高职教学改革

2015 年 10 月，教育部印发《高等职业教育创新发展行动计划（2015—2018 年)》，要求各高职院校顺应"互联网＋"的发展趋势，展开一系列的创新发展行动计划。综合相关研究成果，可以发现，"互联网＋"在人才培养规格、教学内容、教学方式、个性化学习、评价方式等方面引发了高等职业教育颠覆性的变革。

有研究者认为,"互联网+"改造了传统业态,催生了新型业态,对高等职业教育人才培养规格提出了新要求,按照传统工业时代"标准化、大批量、刚性缓慢的生产模式"所培养的人才已无法适应经济社会的需要,高职教育更多地需要培养与新工业时代"智能化、柔性化、个性化、快速响应化的生产需求"相适配的具有创新精神、创造能力和批判思维的高素质技术技能人才。[①]

有学者认为,在"互联网+"冲击下的高等职业教育强化了"成才"的功利价值,而有意无意地忽视了"成人"的终极追求。[②]在互联网信息技术逻辑下,有关大学教育的概念被重新定义,"书本被描述为信息容器,图书馆被描述为信息仓库,大学被描述为信息提供者,而学习者被描述为信息吸收者","教育似乎只不过是信息的传递工具,而学习只不过是信息的消费"[③]。

有研究表明,"互联网+"重构了教育资源的建设方式和呈现方式,拓宽了优质资源人人享有的渠道和路径,促进了教育公平问题的妥善解决;"互联网+"颠覆了传统"教"与"学"方式的框架,使交互式教学和个性化学习成为可能,"以学生为中心"的教学理念在实践层面得以落实,并有效地解决了高等教育大众化背景下对数量极其庞大的学生进行因材施教的难题;"互联网+"的开放便捷和大数据技术改变了传统的教学评价理念,多元化评价、个性化评价和发展性评价等"激励提升型"的评价得以实现。

2. 高职教学改革的一般性研究

(1) 关于高职教育的教学改革价值取向

价值取向体现了人们对高等职业教育的理念和态度,不同的价值取向将直接决定高职实践活动的展开方向,并形成不同的高职教育发展模式,综观已有研究成果,主要存在如下一些价值取向。

---

①南旭光."互联网+"职业教育:逻辑内涵形成机制及发展路径 [J]. 职教论坛, 2016 (1): 5-11.
②易希平,张菊香. 论高等职业教育"专业成才"与"文化成人"[J]. 职业技术教育, 2018 (16): 23-28.
③约翰·希利·布朗,保罗·杜奎德. 信息的社会层面 [M]. 北京: 商务印书馆, 2003: 22, 198.

从高等职业教育的功能来看,主要存在专业教育、职业培训和职业教育等三种基本取向。专业教育取向主要着眼于学生专业技术技能和职业核心能力的培养,此种取向除了注重专业技能外,还要求学生具备可持续发展和自主创新的通用能力;职业培训取向强调学习和工作的结合,要求为学习创设各种真实工作的情境,尽最大可能缩短教育与职业之间的距离;职业教育取向是在重视学生专业技能的基础上,关注学生职业精神的养成,实现职业性和教育性的平衡,使学生成为全面发展的人。

从高等职业教育的目标来看,主要存在技术、社会、职业和人本等四种取向。①技术的取向。高等职业教育要坚持技术的范式,突破学科化的桎梏,实现与职业岗位的无缝对接。②社会的取向。一方面,社会变迁对高等职业教育有着强烈的期许,另一方面,高等职业教育积极回应经济社会发展的诉求,根据社会的变迁即时调整人才培养的目标及规格,我国高职教育人才培养目标从高层次实用人才—高等技术应用性专门人才—高技能专门人才—高素质技术技能人才的转换和嬗变正体现出这一社会性取向。③职业的取向。高等职业教育的基本出发点就是要实现个体的初始职业化,即成为特定的职业人才,这也是高等职业教育的特有本质和功利价值。④人本的取向。高等职业教育在完成"工具适应性"的"成才"目标的同时,更要实现"人格超越性"的"成人"目标,在适应与超越的两维,应时刻不忘高等职业教育"成人"这一通有本质和本体价值,弥补高等职业技术教育视野中缺失的人文情怀。

（2）关于教学内容（课程）改革的研究

关于教学内容（课程）的改革,综观相关研究成果,可以梳理出我国高等职业教育经历了从"知识本位"到"能力本位"再到"人格本位"的变化。

在高等职业教育的初创时期,课程体系基本上是沿袭普通高等教育以知识为本位的学科课程体系,虽然在教学过程中进行了一些调整和改良,加入了实践教学的内容,突出了学生实践能力的培养,为接下来高等职业教育基于能力培养的课程改革做了有效的探索,但是,专业知识的讲授仍然是课程教学中的重点,专业能力、职业道德和职业精神的培养往往被忽视,从整体来看,课程体系没有超越知识本位范畴。

针对知识本位课程体系的缺失,各高职院校进行了基于能力为本位的课程改革,开发设计了基于工作过程和典型工作任务的课程体系,学生职业能力的培养成为课程改革的目标。通过这样的改革，我国高职院校逐渐跳出了传统学科体系课程框架的藩篱，高等职业教育基于职业性和实践性的类型特色日趋明显，但是，由于对高等职业教育的职业性和实践性缺乏更深入的认识和理解，在人才培养实践中往往将能力本位缩减为职业技能本位或专业技能本位，仅仅针对学生专业所面向的职业岗位进行以经验技术和动作技能为主要内容的训练，学生的可持续性发展能力、职业迁移能力和职业素质的培养没有得到重视。

当高等职业教育的发展不断走向内涵提升和层次提升时，各高职院校意识到，知识本位和能力本位在很大程度上遮蔽了课程的"成人"性，而"成人"却是高职教育的通有本质和终极追求。为此，在职业性和教育性、"成才"与"成人"的两维之间，高职课程改革必然要指向"人格本位"，只有当高职学生既成为特定工作岗位的高素质劳动者和技术技能人才，又成为当代社会的好人和合格公民时，高职学生才是整全的人，高等职业教育才会真正具有类型特色的意义。

（3）关于教学方法（方式）改革的研究

检索中国知网和万方数据库，可以发现，对具体教学方法的研究成果多达万余篇，而与高等职业教育有关联的成果微乎其微，与普通高等学校教学有关联的成果也仅仅几百篇。显而易见，在教学论领域占有重要地位的教学方法并未在高职教育的教学研究中引起足够的重视。

尽管研究成果非常有限，但当下高等职业教育在加强和推进教学方法改革创新的紧迫性和必要性上已达成了共识，并在教学方法的本质、教学方法的内涵、教学方法的类型及具体的教学方法等方面进行了卓有成效的探索，特别在教学方法的改革创新上取得了相对丰硕的成果。

有论者指出，教学方法在功能上需要实现从"教给知识"到"教会学习"的转变，在传授知识的同时，要基于学生独立学习能力和创新能力的提升，加强学习方法与研究方法的指导[①]。有研究者认为，高职教学方法的创新

---

①冷余生.从讲授为主到自学为主：论我国大学教学方法的历史性变革 [J].高等教育研究，1996（2）：59-65.

应体现自主性和合作性、强化实践性和应用性、强调多样性和综合性、突出探索性和创造性[①]。只有采取非强制的方法，才能激发学生的求知欲来形成学习的内部动机、积极的学习情绪和正确的学习态度，学生才能真正实现由被动接受知识转化为主动探究地积极学习。

研究者的成果证明，有效的学习取决于多种教学方法的综合运用，千篇一律地应用某一种教学方法，即使这种方法在本质上是启发诱导的，也不会取得良好的效果，因此，传统的灌输式或讲授式的教学方法在某些具体的情境中依然是相当重要的方法，同理，时下广受推崇的启发式或发现式的教学方法未必在任何情况下都适用，当然，教学方法改革创新的主旋律还是要找到促使学生积极学习、建构学习、探究学习、诊断学习和反思学习的方法，教学方法改革创新的目标还是要让学生一点点、一天天离开老师的指引，最终实现独立探究的自我教育。

（4）关于教学评价的研究

检索中国知网和万方数据库，可以发现，国内有关高职教学评价的研究偏少，特别是对前沿研究关注不多，贡献甚微，基本上处于相当薄弱的状态，但是，有关研究也在评价观念、评价功能、评价内容、评价方式方法等方面进行了探索。

有研究表明，伴随着文化价值观从"知识本位"到"能力本位"再到"人格和谐发展"，教学评价应指向人文精神，应着眼于终身教育，应立足于知识经济，应实现评价主体和客体的统一。[②]

有研究者指出，推进教学评价改革对于提升高职人才培养质量至关重要。在改革实践中，高职教学评价在价值取向上应实现从"注重筛选"到"促进发展"的转变，在评价内容上应实现从"专业能力"向"职业能力"转变，在评价标准上应实现从"学校单一标准"向"综合化标准"转变，在评价主体上应实现从"教师单一主体"向"多元化主体"转变，在评价方式上应实现从"注重总结性评价"向"形成性和总结性评价相结合"转变。[③]

---

①卢红学.高等职业教育教学方法发展与创新 [J].职业技术教育，2010（13）：49-52.

②李宗仁，刘相东.教学评价的世纪反思与前瞻 [J].教育研究，2001（2）：44.

③张健.关于教育评价问题的思考 [J].西北师范大学学报（社会科学版），1995（6）：68.

高职教学评价存在两种相对立的功能观，一种是"甄别优劣"功能，重视终结性和他人评价；一种是"激励提升"功能，强调形成性和自我评价，两种功能若能相得益彰、互为补充才会真正发挥教学评价的指引性作用。①

有研究者强调，任何教学和教育管理活动的终极目标都是为学生的成长服务，教育评价的功能不仅要甄别优劣，更要促进发展，高等职业教育的教学评价实践中，最重要的仍然是发展性和教育性功能。教学评价作为教育质量保障活动，其最终目标不是看学生是否完成了学习任务，而是为学生的学习提供建议和帮助，从而激励学生不断提升学习能力。②

有研究者对美国10所著名大学的教学评价内容进行分析，总结了评价内容的系统性、向生性、针对性和可测性等特征，即评价内容应贯穿于整个教学过程、应关注学生的学业收获、应体现学科课程特点、应指向具体教学行为。③

很显然，无论是"互联网+"与高职教育改革的研究，还是高职教学改革的一般性研究，都没有完全跳出高等职业教育所谓的职业性、实用性和工具性的藩篱，在人才培养的适应性和超越性、单向度和整全性及同质化和差异性的两维之间，没能保持恰当的张弛力，而偏至于"适应性""单向度"及"同质化"的一端，成人与成才并未能在恰当的位序和谐地汇集在一起，两者之间依然存在一定的疏离。

（四）本书的观点

通过对以往研究的梳理，笔者提出了本书的观点。

①从中西古典教育和现代互联网的双重视角，以成人与成才相融通为基本出发点进行高等职业教育的教学改革研究还很薄弱，选择这个研究论题非常必要与可行。

②成人与成才的疏离是"互联网+"时代高职教育教学改革面对的基本问题域，表现为"适应性""单向度"和"同质化"的发展之困。

---

①宋洁 . 多元化高校教育评价的当代转向 [J]. 中国成人教育，2015（7）：24-126.
②同上。
③蔡敏 , 美国著名大学教学评价的内容特征 [J]. 外国教育研究，2016（6）：25.

③中西古典教育的"成人"价值追求在源头和理念上，现代互联网的"用户思维""大数据思维""平台思维"以及"跨界思维"从技术和手段上启迪了高等职业教育的教学改革。

④长沙民政职业技术学院在处理成人与成才关系上的得失，可以成为"互联网＋"时代高职教学改革基本策略的现实基础。

⑤高等职业教育的教学目标改革要体现人文情怀和实践关切两种维度的统一；教学内容改革要遵循从"以知识为本"到"以能力为本"再到"以人为本"的变化路径；教学方式改革要形成以学生自主探究为特征的翻转学习形态；教学评价改革要实现从"甄别优劣"到"激励提升"的转变。

⑥无论时代如何变迁，"追求卓越"永远都是高职教育教学改革不变的指向。

五、本书的主要内容

（一）研究的基本思路

本书欲以现象学和解释学为研究的方法论，以高等职业教育学基本理论、高等职业教育哲学理论、职业教育史学、文化学、哲学为研究的理论基础，通过文献研究法、历史研究法、个案研究法等具体的研究方法，探讨"互联网＋"时代高等职业教育的教学改革问题。

本书以成人与成才作为基本出发点，以高等职业教育的教学改革作为研究的切入点，从中西古典教育和现代互联网的双重视角，对高等职业教育改革发展的基本问题域进行分析和解释，并结合长沙民政职业技术学院的个案研究，凝练成人与成才整合的基本策略，这些基本策略涉及了高等职业教育教学改革中"培养什么样的人""学什么、教什么""怎么教、怎么学""评什么、怎么评"等关键问题。

本书的引言主要介绍了本书问题的提出、相关核心概念的界定、相关研究综述和论者的观点、研究思路和研究方法等内容。

本书的第一章，成人与成才：高等职业教育改革发展的基本出发点。主要对成人与成才这一基本出发点进行内涵厘定和关系择定，明确指出"成才"是高职教育改革发展的理性自觉，"成人"是高职教育改革发展的终极追求。

本书的第二章，成人与成才的疏离："互联网＋"时代高职教学改革面对的基本问题域。主要通过梳理高职教学改革的历史进程,明确成人与成才之间的关系变化趋向;通过厘清"互联网思维"的基本内涵、典型特征及"互联网+"的基本意蕴,分析"互联网+"对高等职业教育的冲击和重塑,明晰"互联网+"时代高职教学改革所面对的"适应性""单向度"及"同质化"等成人与成才疏离的基本问题域。

本书的第三章,成人与成才的博弈:"互联网+"时代高职教学改革的实践探索。展示全国首批示范性高等职业院校之一的长沙民政职业技术学院在"互联网+"时代进行教学改革的现实图景,分析、总结和反思长沙民政职业技术学院教学改革在处理"成才"与"成人"关系上的得失,并希望使之成为"互联网+"时代我国高职教学改革基本策略的现实基础。

本书的第四章,成人与成才的融通:"互联网+"时代高职教学改革的基本原则。本章试图从两个方面为实现"互联网+"时代高职教学改革成人与成才的融通,提供一些基本原则。一方面是从文明的源头、教育的原点、中西古典教育的智慧中找寻到历经千锤百炼、大浪淘沙的不变的内核与原生动力;另一方面是从互联网思维引发的教学变革中找寻到富有时代气息的外形与再生源泉。

本书的第五章,成人与成才的整合:"互联网+"时代高职教学改革的基本策略。主要是在前面研究的基础上,试图以中西古典教育的"成人"价值追求为源头和理念,以现代互联网的用户思维、大数据思维、平台思维以及跨界思维为技术和手段,提炼出高等职业教育在"互联网+"时代进行教学改革的几条基本策略,这几条策略涉及了教学目标、教学内容、教学方式和教学评价等教学改革的核心内容。

(二)研究的方法论

1. 现象学:回到现场

现象学强调从直接直观和先验本质中提取知识。现象学方法要求返回事物本身,以先于理论、先于思考、先于概念来看待事物本身,由此自觉到纯意识的本质或原型。采用现象学的方法研究高等职业教育的教学改革问题是要求研究者能够以体验、直觉等方式来感受高等职业教育生活,回到活生生的教育现场,唤醒或唤起被体制、规范所遮蔽的内心,获得对高等职业教育司空见惯、耳熟能详之外的不同感受。

2. 解释学：回到历史

解释学的核心是理解。高等职业教育的问题不仅存在于研究者的体验、直觉和情感中，同时，也存在于研究者的理解中。凡理解的问题，皆为人的问题，人的存在的时间性、历史性，也就决定了理解的时间性和历史性，理解总是处于一定历史阶段的文化主体的理解，间距和融合总是存在于理解者和被理解者之间。从而，在研究高等职业教育的教学改革时，研究者总会自觉不自觉地回到教学改革的历史之中，同时，也必然联系所处的"互联网＋"时代情境，在历史与当下的碰撞和融合中探寻教学改革的最佳路径。

（三）研究的具体方法

1. 文献研究法

本书从国内、外图书馆及期刊网数据库中搜集大量的著作和文献进行分析，寻求本书的理论基础、专业基础与方法论。本书参考的相关文献主要有：教育视域下成人与成才关系的文献、"互联网＋"时代教育变革的文献、互联网信息技术与教学改革关联的文献、高等职业教育哲学与理念的文献、高等职业教育改革与发展的文献、高等职业教育教学改革的文献等。

2. 历史研究法

本书将主要对中国高等职业教育的教学改革历史进行考察，对历史的考察不仅仅是为了还原过去，更重要的是总结过去的经验和教训，从而为现实提供一种参照。

3. 个案研究法

本书通过对全国首批示范性高职院校进行个案研究，获得第一手的资料，主要用于对"互联网＋"时代背景下高等职业教育的教学改革问题的分析，作为其他几种研究方法的补充和辅助。

（四）研究的可能创新之处

①本书从中西古典教育与现代互联网的双重视角，以成人与成才为基本出发点，对高等职业教育的教学改革进行了系统、理性的分析和实证探讨，拓宽了高等职业教育研究的视野。

②本书以教育哲学、教育学、社会学、文化学、历史学的视角对高等职业教育的教学改革进行了多元透视，提供了学科交叉研究的一个范例，同时也提高了研究的质量和水平。

③本书对中国高等职业教育的教学改革之历史嬗变进行了客观细致的梳理，并总结其经验和教训，具有一定的价值。

④本书将现代互联网信息技术深度融入高等职业教育的教学改革全过程，传播了"互联网＋"条件下教学的新思想、新理念、新技术、新方法、新应用，对于高等职业院校教学改革的深入推进具有前瞻性、学术性和指导性的意义。

⑤本书从中西古典教育智慧中汲取成人的力量与源泉，为高等职业教育正本清源、拨开发展之迷雾、彰显教育之真义提供了方向性的指引。

（五）研究存在的困难

①高等职业教育的教学改革是一个系统工程，本书将教学目标、教学内容、教学方式和教学评价作为研究的主要内容，这些内容是否就是教学改革这个系统工程中最关键的问题尚没有明确的共识，因此也影响了研究者的信心和决心。

②中西古典教育智慧、现代互联网思维及"互联网＋"在内涵上尚没有定论，这增加了本书第二章《成人与成才的疏离："互联网＋"时代高职教育教学改革面对的基本问题域》的研究难度。

③从中西古典教育与现代互联网的双重视角，以成人与成才为基本出发点进行高职教育教学改革的研究较少，很难获得与研究直接相关的资料。

④本书所选个案，是否能够反映中国高等职业教育的改革全貌尚不得而知，难免有以偏概全之嫌。

⑤本书借鉴了大量的国外的研究成果，许多研究成果是以英文资料呈现的，这增加了提炼、总结的困难。

第一章　成人与成才：高等职业教育
改革发展的基本出发点

《关于全面提高高等职业教育教学质量的若干意见》（教高〔2006〕16号）中明确指出，高等职业教育的职责是培养面向生产、建设、管理、服务第一线需要的高技能人才，它是高等教育中的一种。这是我国首次明确提出高等职业教育是与普通高等教育并列的一个类型，而非单指高等教育的某个层次，这也基本上与联合国教科文组织1997年组织修订的《国际教育标准分类》（ISCED）中5B级教育相吻合。事实上，高等职业教育历来被认为是一个历史的、发展的概念，它是与教学、研究型高等教育并行的、旨在培养高等应用型专业人才的一种高等教育类型。高等职业教育是一种全新的教育形式，是职业教育的高级层次。高等职业教育包括两种教育，一种是学历教育，有专科、本科和研究生层次；一种是非学历教育，例如职业资格证书、技术培训及闲暇教育。

高等职业教育作为教育的一种类型，应有其独特的发展范式；作为一种层次，高等职业教育应包含更高的发展诉求，而人与职业则是蕴藏其中并交织在一起的两条主要发展逻辑，与之相对应的成人与成才很自然就成为高等职业教育改革发展的基本出发点。

第一节 教育视域下的成人与成才

一、成人与成才的内涵厘定

马克思认为，人是具有生命力的能动性自然物，这种能动性作为人的天赋和才能，以欲望的形式存在于人身上①。这种存在的天赋性决定了人的发展的天赋性，而人的可发展性又决定了各种类型教育存在的合理性。"动物终身为本能所支配"，"只有人是需要教育的生物"，而人因为教育而成为人，发展人，"人的目的是'做人'"②，"是教人如何做人，如何过自由人的生活"，使人"各方面都得到完全的自由"③。

教育对人的全部作用可以归结为成全人和发展人，或者说表现为使人成为有德之人和使人成为有用之才。换句话说，教育与人的发展的中心问题在于两个方面——成人和成才，其中心限定于成人、成才这两个范围。教育者所做的就是使所有教育对象成人和成才，对人的发展的评判也就是在这两个方面。

成人的内涵是什么？首先分析这个成人的"成"字，其含义不是名词"成年"，也不是形容词"成熟"，而应是动词"成长"的"成"，所以"成人"一词属于动宾结构，意指"成长为人"。这也意味着，从教育和文化的视域来看，一个人，并非与生俱来就能天然生成为真正的人的。费尔巴哈（Feuerbach）分析得很精辟，他认为从严格意义上来说，一个婴儿由于他还不具备做人的基础，也还不懂得为人之道，所以他还不能称得上是人，而只能说是动物，即

---

①中央编译局．马克思恩格斯全集（第3卷）[M]．北京：人民出版社，2006：80．
②康德．论教育，见世界教育通览[M]．武汉：湖北教育出版社，1994：498．
③康德．论教育．见世界教育通览[M]．武汉：湖北教育出版社，1994：501．

便他身上具有将来可能成长为人的全部生理因素①。

然而，在日常语境中，对于成人主要有两个层面的理解，一是生理学层面的成人，它与成年同义，指一个人达到发育成熟阶段；二是社会学层面的成人，即从没有知识和能力变成有知识、有能力；从呱呱坠地时的"动物实体"转化为"社会成员"。其标志是一个人年满十八周岁，能够独立享受和承担宪法、法律所赋予的权利与义务。一个人的"成人"在世界上的很多国家都受到关注，比如说中国古代就要举行成人的冠（笄）礼，成人通常都要举行专门的仪式加以确认。中共中央在1994年的《爱国主义教育实施纲要》中提倡为年满18周岁的公民举行隆重的成人仪式，并对他们进行爱国主义教育。同样的，在其他一些国家，比如日本、韩国、以色列、德国、俄罗斯等，也都会举办各种形式的成人仪式。事实上，造就人的过程即社会化和个性化的过程，也是人由动物实体向社会成员转化的过程。胡德海先生在其《教育学原理》一书中提道，"任何人如果想要在社会中生存和发展，那么他必然要让自己'社会化'，即适应社会的现状，成为一名合格的社会成员。"②"成人"一词的根本含义在于，人的社会化过程意味着人通过后天文化素养的形成使得自身的禀赋得到发展，从而成为社会的人。因此，可以说文化是社会化的主要材料。日常语境中两个层面的成人有别于我们在教育视域中所强调的价值层面的成人，价值层面的成人是指，将那些适应历史的必然性、顺乎世界进步潮流、符合社会发展规律的现实存在和普适的价值谱系内化为一个人的德性和涵养，使其能够敏锐地洞悉周围的事物，深刻地反省宇宙的本质以及社会中的规范，且不局限于当下的日常生活，较之于周边人，更渴望接触到更广泛、在时空上更具有长远意义的象征，使其能够持续地、认真地认识自己、反思自己，使其能够做一个简朴淡泊、谦卑节制、审慎幸福的人。

成才的含义是什么？汉语中将成为有才能的人，也就是成为人才，称为成才。那么，什么样的人能称之为人才？人才的外延和内涵怎样界定才比较

---

①徐邦兴，丁茂华．"成人"抑或"成才"——基础教育培养目标的价值取向 [J]．西北师范大学学校学报（社会科学版），2012（6）：109．

②胡德海．教育学原理 [M]．兰州：甘肃教育出版社，1998：320．

科学？

《汉语大辞典》对人才的定义是：人的才能；有才学的人；人的容貌。《辞海》中的定义是：有才智或有高尚品德的人。《现代汉语词典》的解释是：德才兼备的人；有某种特长的人；指美丽端正的相貌，也作人材。

人才学自20世纪70年代创立以来，人才的概念不断深化发展。雷祯孝教授认为，人才是用自己的创造性才能，对人类社会的认识、改造自然或社会，做出了较大贡献，并且促进社会进步的人。[①]门里牟也持有相似观点，他认为，人才是指运用自己的才能对人类进步作出了某种较大贡献的人，并且人才是人群中的精英、佼佼者，是推动社会进步、历史前进的代表。[②]2003年《中共中央、国务院关于进一步加强人才工作的决定》对人才这一概念作了具体阐述，"凡是具有一定的知识和技能，能够进行创造性劳动，能为推动社会物质文明、政治文明、精神文明，在建设中国特色社会主义伟大事业中做出积极贡献的，都是党和国家需要的人才"。尽管关于人才的不同表述体现了鲜明的社会性和时代性，但在人才本质的描述上，几乎所有人的观点是不谋而合的。从对象来说，人才就是社会中那些素质较好、能力较强的人，是社会中的佼佼者；从内容而言，培养人才主要是对他们传授知识以及训练他们的专门技能，主要是专业教育的价值自觉。专业教育，也称"专门教育"，旨在培养精通某一方面的专业人才，一个国家的学制结构中，通常都设有培养各种专业人才的专门学校。在中国，各类高等专业学校、中等专业学校、职业学校和技工学校就是实施专门教育的机构。

二、成人与成才的关系择定

关于教育视域中成人与成才的关系问题，归结起来有两类比较典型的观点，一是先后论，主要指先成才、后成人，有时又表现为先成人、后成才；二是轻重论，主要指重成才、轻成人，有时又表现为重成人、轻成才。有研究者认为，"人才总是具有一定的职业性和专业性……，基础教育是现代社会中每

---

①雷祯孝，蒲克. 应当建立一门"人才学"[J]. 人民教育，1979（7）：23-28

②门里牟. 人才学基础[M]. 包头：内蒙古人民出版社，1986：17.

个人所必须接受最低限度的教育，强调人的基本素质的健全，而不是职业和专业素质的培养，它主要实施非定向和非专门的普通科学文化知识的教育，与职业性和专业性的教育有着性质上的不同，因此，基础教育的目的定位于培养'人才'显然不合适，'成人'先于、重于'成才'"①。鲁洁教授指出，"人是一种超越性的存在"，这既是"教育的人学依据，也是教育之所期待"②，在超越的意义上，教育的成人绝对不能安于已有的生存状态，始终对美好充满着憧憬期望，始终要摒弃适应性的成才藩篱。英国的纽曼认为，只有那些追求陶育学生品性，使其变得"博雅"的教育，才能称之为教育，与之相对应，其他任何指向培训专业或职业技能的活动，不能享有教育之美名，充其量只配叫作教学，纽曼教育理念中成人的分量显然比"成才"要厚重得多。

事实上，先后论和轻重论都有失偏颇，成人是永不能完成的存在和永不会终结的过程，将伴随人的一生；成才只是人发展到特定阶段的成人形式而已，是在现代教育视域下对成人内涵的充实和丰富。在一切意义上讲，无论何种类型与层次的教育都是怀着让人成为人的期待而展开的一项坚持不懈的活动，都是努力扩大、增进对人和人性的理解与认同，其根基和终极追求就是发展人、完善人、成全人，就是使人涵养气质、锤炼思维、砥砺德性，就是使人更加丰满、更加智慧、更加幸福。

以孔子为代表的中国古典教育充分诠释了"学而为人"的理念。"仁也者，人也"，"学而为人"大致可以为"学而为仁"，"为人之道"也就是"为仁之道"，"舍身成仁"也即"舍身成人"，"人"因之"仁"成就了一种"品格"，一种与境界相契合的"人格"。孔门之学的关切在于"仁"，对"仁"的关切脱离了抽象的道德说教，而是直面最具体的、最日常的、最自然的"孝悌"，并把"孝悌"指认为"为仁"的胚芽，在这个意义上，"孝悌"可以说是一种几近于动物性的自然。而孔门之学的独特品质就在于，它从人之性情的"自然"处，做了某种"应然"的提升，让"务本"的"君子"由行"自然"

---

① 扈中平. 教育目的应定位于培养"人"[J]. 北京大学教育评论，2004(3)：24-29.
② 鲁洁. 超越性的存在——兼析病态适应的教育[J]. 华东师范大学学报（教育科学版），2007(4)：6-11+29.

之"孝悌"以至为"应然"之"仁道"，这无疑就需要"学人"自身的拓辟和践履，由此刻划出一条"人道或仁道"①。孔门之学的学而为仁，最紧要的是从人的性情之"真"出发，以求性情之"正"，做一个"真""正"的人，同时，由"真""正"自然延伸到"善""美"，由此，教与学的"成人"关切呈现了求真、向善和趋美相融通的意蕴。

孔子之学，十分注重严格的遴选使用、删减，我国古代六艺正是孔子数次删选的结果。六艺是中国古代自由教育的载体，自由教育是一个独立于其他目标的一种教育，涂艳国教授指出，自由教育通过理性的方式使人们不受当前问题的困扰，冲破眼前的局限；立足于长远的角度，关心内在的价值，关注于基本的和普遍的问题；而不是纯粹的功利②。正如施特劳斯所言，自由教育"是在文化之中或朝向文化的教育，它的最终结果是成就一个有文化的人"，施特劳斯还强调，文化（culture）一词本身也就有种植培育之意。超越器物之用、超越功利目的和关注内在价值是"六艺"之尤为重视的，它是指向人之自由本性，以人的心灵为培养对象。在诗、书、礼、易、乐、春秋中，《诗经》侧重于文学，《尚书》和《春秋》偏重于史学，《周易》侧重于思辨。恰如《礼记·学记》中提出，"大道不器"，更加鲜明地表明了"六艺"超越器物的自在性。"六艺"以心灵之滋润、万物之和谐为基本意境，使和谐与美变成人类最基本的最纯真的构成状态，为人类通向一切可能做铺垫，使任何具体事物在心灵映照下反映的价值都能始终如一。

在西方自由教育的传统中，成人或者说精神成人是历代教育家、思想家至死不渝坚守的信念和理想。著名教育家柏拉图指出，"这个教育究竟是什么呢？现在似乎很难发现那种注重体育和艺术的教育，通过体操来促进身体健康，用音乐来陶冶提升人的心灵境界"，"我们必须寻找一些艺人巨匠用其大才美德，开辟一条道路，使我们的年轻人由此而进，如入健康之乡；眼睛所看到的，耳朵所听到的艺术作品，到处都是；使他们如坐春风如沾化雨，潜移

---

① 黄克剑. 百年新儒林——当代新儒学八大家论略 [M]. 北京：中国青年出版社，2000：67.
② 涂艳国. 试论古典自由教育的含义 [J]. 清华大学教育研究，1999（3）：15-18.

默化，不知不觉受到熏陶，从童年时，就和优美、理智融合为一"。①柏拉图对教育目的、内容和方法的描述是基于对人、对生命、对人的成全和人的完满更本真、更恰切的理解。大学并不是"把知识全盘交给学生"②，而是"让幻想力毫无拘束地奔驰"③，大学是为学生传授知识、进行科学研究的象牙塔，为世界培养新人，是各类主体之间有灵魂的交往，是一个充满学术交流的世界。④德国存在主义哲学家雅斯贝尔斯指出：在大学里，"真理在科学之上，真理富有精神和理性，大学的理想是崇高的，真理存在于各类学术探讨研究中，促进人的提升。"⑤在其《什么是教育》一书中呈现了生命和人性完满的全部内容——幻想力、灵感、精神、理性、激情、交往、勃发、成长……

与中国古典六艺在具体内容上相异、在精神实质上共通的西方古典七艺同样关注非功利的人的内在价值，柏拉图认为，七艺所包含的文法、修辞、辩证法、算术、几何、音乐、天文都是将灵魂导向真善美的学问。这里所说的算术、几何、音乐、天文不是作为实际知识，算术这门学问能迫使灵魂使用纯粹理性通向真理本身，并将灵魂从变化世界转向真理和实在。柏拉图在其巨作《理想国》中也说道，几何学中那些较为高深的东西是为了让人们更容易地理解善的理念，它研究的对象是永恒事物，而不是某种有时产生和灭亡的事物。⑥陆扬教授在分析亚里士多德的音乐教育思想时指出：音乐教育的最终目的是使人学会欣赏美，由音乐的美上升到灵魂的卓越，最终达到宇宙的融洽。由此可见，音乐创造的美是一种神圣的美。⑦很显然，七艺的目的为了寻求真者、善者和美者，达至灵魂的和谐与安宁，而并没有多少发展经济、造就实用人才的外在价值。

大学或者说高等教育产生之初，无论从哪一个角度去考察，都难以察觉

---

① 柏拉图.理想国.见世界教育通览 [M].武汉:湖北教育出版社,1994:35.
② 雅斯贝尔斯.什么是教育 [M].邹进,译.北京:生活·读书·新知三联书店,1991:57.
③ 雅斯贝尔斯.什么是教育 [M].邹进,译.北京:生活·读书·新知三联书店,1991:156.
④ 雅斯贝尔斯.什么是教育 [M].邹进,译.北京:生活·读书·新知三联书店,1991:150.
⑤ 雅斯贝尔斯.什么是教育 [M].邹进,译.北京:生活·读书·新知三联书店,1991:149.
⑥ 柏拉图.理想国 [M].郭斌和,张竹明,译.北京:商务印书馆,1986:295.
⑦ 陆扬.析亚里士多德的音乐教育思想 [J].南开学报（哲学社会科学版）,2006（3）:92-96.

它的经济实用目的,中西古典教育表现更多的是成人的本体意蕴。专业教育、职业教育实在是科学和技术进入大学之后的后天产物,专门性人才、应用型人才、技术技能人才、专业成才、专才教育等术语当然也就是后天的产物,值得注意的是,这种"后"只是时间的顺序,并非逻辑上的成人在先、成才在后。事实上,在专业教育和职业教育进行得如火如荼的今天,任何一个人都需要一份能够充分展示自己潜能和价值的职业,都希望能够充分享受工作的快乐,实在不宜将职业过分看作是外在于人、异化于人的东西,布鲁贝克在其著作中指出:"一个人要想在工作中感受到愉悦,就应该欣赏到工作中各部分所潜在的艺术"。①由此,成人与成才是"万物并育而不相害,道并行而不相悖",教育追求的是成人与成才的双成,既要让学生成人,也要让学生成才,成才寓于成人之中,成人贯穿成才整个过程,成人与成才在整个教育大系统中处在比较恰切的位置,和谐地聚集在一起。

第二节　成才：高职教育改革发展的理性自觉

一、"成才"凸显高职教育的特有本质和功利价值

欧洲在 18 世纪末产生了明显基于技术兴趣的职业教育,最初实行的是"学徒制",在 19 世纪有了新的改变,由中学阶段的职业学校和职业补习学校开展职业教育,基本上与大学、高等教育无涉。在美国,因对高等教育更灵活的理解以及对各类事物出现后的包容态度,使得社区学院、高等职业教育的发展,很少受到像欧洲传统大学那种观念性的困扰。在我国,很长一段时间里,职业教育事实上是由中专承担的,伴随着经济发展、工业化进程和现代化

---

①布鲁贝克.高等教育哲学[M].郑继伟,译.杭州:浙江教育出版社,2001:69.

步伐,职业教育于 20 世纪 90 年代才正式以"高职"的名义进入高等教育。自职业教育进入高等教育以来,人们对于"什么是高等职业教育"这一本质问题的追问和反思一直都没有停歇。

什么是高等职业教育? 在 1999 年发布的《中共中央、国务院关于深化教育改革全面推进素质教育的决定》指出,高等职业教育是为了培养具备基础理论知识以及实践能力,能在生产、建设、管理和服务中发挥重要作用,以及农村急需的专门人才,它是高等教育的重要组成部分。显然,这一表述明确了高职教育的高等性和职业性,即它是高等教育与职业教育的有机结合。

围绕高等性和职业性,研究者们从培养目标、办学层次、类型层次、办学过程等方面对高等职业教育的本质属性有了更多的具体表述。常州职业技术学院的陈剑鹤先生指出,从职业教育的起源上来看,其作为高职教育的高等层次,具有高等性、职业性、技术性、区域性和市场导向性五大本质特征。河南职业技术师范学院欧阳河先生指出:"传授技能技术使得职业教育与其他教育有着本质的区别,也使它能独立存在,通过传授技能技术,帮助人们获得从事职业的能力和资格,因此可以说,职业教育的本质属性是技术技能职业性,而大众性、实践性是这一本质属性衍生的从属属性。"[1]有学者提出,职业教育的技术技能职业性属性就是教育者按照现存需求和教育规律,使学生掌握社会职业中所需的各类技能、技术和知识,充分利用现有资源,促进社会生产的大发展和人类进步的一种时间活动。来自南京师范大学和华南师范大学的匡英和石伟平提出:"为体现它作为高等技术教育的本质,高职教育的培养目标定位于高技能和各类技术性人才才更为合适"。[2]裴云在对高职教育的解析中提出,"教育模式最本质的特征是培养的人才的层次性,高职教育技术型人才的培养目标是其最本质的特征,其他的特性由它衍生,受它的制约。"[3]张健在其文章中列举了当下对高职教育本质属性研究的几种主要观点,提出了高职是培养"数以千万计高技能专门人才"的教育,培养高技能人才理应

①欧阳河.职业教育本质问题三论 [J].河南职业技术师范学院学报,2004(6):5-12.
②匡英,石伟平.高等教育大众化对高职发展的影响 [J].职教通讯,2007(2):52
③裴云.对高职教育本质的解析 [J].扬州大学学报(高教研究版),2003(1):17-20.

成为高职教育的本质特征①的见解。

　　归结起来，上述关于高等职业教育本质属性的论述是以职业为现实参照和发展的外部逻辑，凸显了高等职业教育成才（培养专门性人才）的特有本质②和功利价值取向。高等职业教育作为与社会经济发展联系较普通高等教育更为密切的一种教育类型，势必更要注重职业、技术和社会等功利维度的价值选择，社会需求决定高等职业技术学院的办学定位和发展方向等，因此可以说，高职院校的发展水平依托于社会经济的发展，从某种程度上讲，社会对高职教育质量的评估要比来自学校内部的自我鉴定更符合实际，这也是自2012年以来，上海教育科学研究院和麦可思研究院受全国高职高专校长联席会议的委托编写《中国高等职业教育人才培养质量年度报告》并定期向社会公布的初衷。同时，在《国家中长期教育改革和发展规划纲要》（2010—2020年）中提到要解决三农问题、促进就业、改善民生、推动经济发展的重要途径之一就是要发展职业教育，缓解劳动力供求矛盾的关键也在于职业教育的发展，因此要把职业教育和发展职业教育摆在关键位置，这一论述对高等职业教育的特有本质和功利价值取向作了恰切的注解。

　　以"成才"为标志的高等职业教育的特有本质和功利价值体现在职业、技术以及社会三个维度上。

　　其一，职业的维度。探究职业教育的起源可以发现，为了职业而进行的教育兴起的直接原因便是职业。职业教育，顾名思义，为了职业而进行的教育。著名的职业教育家黄炎培先生曾认为，所谓的职业教育，就是为了学生毕业后可以找到工作而开展的教育，如果学生受完教育后，连一份工作都找不到，这样的教育又有何意义？时至今日，职业教育的职业性仍是其最本质的属性之一，而高等职业教育兼有职业教育和高等教育的双重属性，职业性同样是高等职业教育的本质属性之一。

　　有学者认为，职业教育价值的本质就是对生活在社会中的主体提供职业化的教育，提升社会成员在职业中的主体性意识，使其不仅有业，而且乐业。

①张健. 高技能性：对高职教育本质属性的研究论证 [J]. 巢湖学院学报，2008(1)：161-164.
②欧阳河等. 职业教育基本问题 [M]. 北京：教育科学出版社，2006：233.

所谓的初始职业化的属性问题在某种程度上已经被社会成员的集约高效的职业社会化功能超越,让我们能更好地对职业化功能进行阐述,随着每个人在职业中定位的改变,职业教育实现了从初始职业化到完全职业化的功能转变。职业教育的内容设定都是为满足职业的需求,目的在于促进职业的发展,它的形式有职前的准备教育和职后培训。

其二,技术的维度。有学者认为,技术就是人们在尊重客观规律的情况下,充分利用自然界中的各种资源,创造性地改造自然社会,以满足人们不断增长的社会需要的手段和方法。从这可以看出,技术最基础的构成部分便是手段和方法。那么在高等职业教育中,以传授技术为主的教学活动中应该要彰显出一定的方式方法。区分于其他类型的高等教育,高职教育的针对性更强,它通常要对学生进行高强度的职业技能训练,只有通过这种方式方法,才能在毕业时达到社会职业所要求的基础的或高级的技能,从而推动社会的进步。

在当今时代,科学技术不断发展,产业也经过调整不断优化升级,这对技术从业人员有了更高的要求,因而也就对以技能培训为主的高职教育提出了更高层次的要求,要多开展以技术为核心的课程与教学。在很大程度上,高职只有在教学过程中坚持以技术为核心的导向,才能体现出其为职业而进行教育的特色。高职教育的教学、课程设置必须紧紧跟随以技术为核心这一导向,在组织教学的过程中要遵循技术的特点与规律,从而实现技能教育与培训的目标。但当前的职业教育存在学术化倾向蔓延的局面,要改变这种局面,职业教育的课程必须要立足于现实,着力于解决实际生活中出现的问题。也就是说,高职教育要超越普通高等教育,在课程设置上必须克服课程学科化的弊端,并且在技术上进行创新,最大限度地满足特定的职业需求。

其三,社会的维度。虽然职业教育的产生与经济有着千丝万缕的关系,但从过去的一百多年来看,发展职业教育更多地是出于社会服务的目的,人们期望通过这种教育,使社会变得更加公平、公正,让那些处在社会底层的人都能有一技之长,帮助他们走出贫穷,获得人生出彩的机会,这具有济贫的性质。在西方,民主化不断加深是职业教育产生的一个重要的因素,人们认为受教育是每一个公民的权利,要求政府从促进教育公平、公正的角度来制定政策或进行改革,使人人都能平等地接受职业教育。与之相同,我国高职教育也是出于高等教育普及化的目的,保证最广大人民群众受教育的权利。高等教育对社会各方面的影响与日俱增,高等教育被看成是能有效促进社会公平的有效工具和手段,不论背景和出身,每个人都可以与其他人一样享受同等受教育的权利,而不会因为出身背景不好而被拒绝在高等教育的大门之外,只有充分发展高职教育,才有可能实现每个人不论背景出身都能接受高等教育。

社会发展不断出现的新需求是高职教育兴起的直接原因,19世纪中后期,随着第一次工业革命的顺利完成和第二次工业革命的即将开始,社会各方面对人才有了更高的标准,只是简单重复训练就上岗已不能满足需求,而是要求具有良好的理论基础和高技术的人才。较低层次的职业教育不能满足这个要求,而高等教育又没有覆盖,此时教育无法应对社会的这种新要求。在这个特殊时期,政府做出了适时干预。一方面,政府主要是大力扶持高职教育以满足这种社会需求,另一方面是调整了原先的本科大学,实行了一些新的政策措施,这成为高等教育新类型在全球范围兴起的直接原因。由此可见,高等职业教育不是自身自然发展的产物,而是在应对社会需求时政府的产物。

目前,我国高等教育大众化进程不断加快,而高职教育的发展也体现了大众化高等教育的理念。高等职业教育以社会需求为基础,实施灵活多变的办学形式,为社会基层培养人才,充分挖掘每一位学习者的潜能。从本质上讲,它不强调选拔和淘汰,而是面向所有人的教育,依据每个人自身的实际情况,促进每个人的发展与成功。因此,职业教育是"面向社会大众,帮助每一个人成功"的教育,它包含一种崇高的教育理念,这说明职业教育服务对象十分广阔,并能为社会做出独一无二的贡献。在2014年的全国职业教育工作会议上,习近平总书记指出,职业教育是我国国民教育体系的重要组成部分,能极大促进人力资源开发,助力广大青年通向成功成才。习近平总书记还特别强调,"要加大职业教育在农村、偏远民族以及贫困地区的发展,努力让每个人都有人生出彩的机会"。这深刻揭示了职业教育"面向每一个人"的本质属性。

二、从"实用人才"到"技术技能人才"：高职教育成才目标的时代嬗变

自诞生之日起，高等职业教育对于成才目标的认知经历了一个不断反思、求证、明晰的过程。

第一次比较明确地提出高职培养目标是在 1995 年国家教委在北京召开的全国高等职业技术教育研讨会上，提出"高等职业技术教育……是职业教育体系中的高层次，培养目标是在生产服务第一线工作的高层次实用人才。"1999 年年末又提出了新的阐述，在教育部召开的第一次全国高职高专教学工作会议上提出，高职高专教育是在党的领导下，培养满足社会生产、建设管理、服务第一线和农村急需的专门人才。在 2000 年出台的《教育部关于加强高职高专教育人才培养工作的意见》（教高〔2000〕2 号文）也采纳了这一说法。教育部在《2003—2007 年教育振兴行动计划》中提出高职的人才培养目标是培养高技能人才。2005 年《国务院关于大力发展职业教育的决定》指出，"职业教育以服务社会主义现代化建设为宗旨，培养数以亿计的高素质劳动者和数以千万计的高技能专门人才"。2006 年教育部 16 号文件《关于全面提高高等职业教育教学质量的若干意见》在原基础上进一步指出，"高等职业教育在我国加快推进社会主义现代化建设进程中具有重大作用。"2014 年《国务院关于加快发展现代职业教育的决定》明确提出，要坚持党的指导思想，根本任务在于提升人的品质，宗旨是为发展服务，着眼点在于促进人的就业，满足社会服务的要求，促进社会生产力的发展进步，对体制机制进行改革调整，既要发挥政府的调节作用，又要发挥市场的能动性，促进校企合作，为国家培养更多的高素质劳动者和技术技能人才。2019 年《国家职业教育改革实施方案》把发展高等职业教育作为培养大国工匠、能工巧匠的重要方式，使更多的城乡新增劳动力接受高等教育，要求高等职业学校，培养服务区域发展的高素质技术技能人才。

很显然，从高层次实用人才到高等技术应用性专门人才，到高技能专门人才，再到高素质技术技能人才，高等职业教育成才目标的转换和嬗变，日趋接近高职教育的职业、技术以及社会三个维度的特有本质。同时，需要指出的

是,尽管高职教育的特有本质处在变动不居的状态,但是,必须弄清楚其中隐含着关于实用、职业、技术技能等术语相对不变的认识和观念。我们认为,充分把握这些相对不变的认识和观念,对于高职教育成才的理性自觉就必然会具有屹立于功利之上的超越意味。

关于实用,美国实用主义教育家杜威给予了我们很多启示。杜威的实用主义职业教育更关注具有人文性的实用性,而远远不是纯功利性的,是对所有人的全面协调发展实用。在杜威看来,问题不是要不要职业教育,而是要一个什么样的职业教育,他坚决反对那种单一的训练性职业教育。杜威认为,职业教育体现了劳力阶级的教育权利,这种教育权利应当是公平的,把职业教育限定在技能训练这个狭窄的范围内,就破坏了教育的公平性。在杜威心中,职业教育是所有人的事业。杜威指出:"培养所有学生对有用劳动的真正尊重,培养他们提供服务的能力。①

在杜威的实用主义职业教育思想中,技能训练只是职业教育的最低层面,职业教育的终极关怀依然是所有人的全面协调发展,正如他在中国的演讲中所提到的,全世界的工人现在成为一个最危险的大问题,究其缘由,不只是时间工资问题,而是更在于工人对工作没有趣味,也没有发展知识、运用心思的机会。他们所不满意的,就是单靠物质上的报酬的不够。由此可以推导出,在中国这个问题尤其重要。杜威曾说,"如果中国高等教育能够意识到这个问题,意识到职业教育不仅仅是进行职业的训练,更是促进人的全面发展,从而注重广大工人的全面发展,也许就可以避免欧美国家所遭到的困扰。"做律师的、教学生的,都除了物质的报酬以外,有知识心思上的长进;只有大多数工人一点没有兴趣。对于这一点,将来做国家领袖者不可不注意。②

杜威推崇"科学人文化",不仅主张人的职业技能教育,而且主张要在教育过程中兼顾个人文化修养、社会发展。顾振华教授指出,从杜威的思想中我们可以看出高职教育的基础不仅仅在于培养人的能力,而更在于促进世界达到和谐的教育。可见,杜威的实用主义职业教育观已经超越了传统教育的纯

①转引自徐平利.职业教育的历史逻辑和哲学基础 [M].桂林:广西师范大学出版社,2010:367.
②沈洪益编.杜威谈中国 [M].杭州:浙江文艺出版社,2001:147-151.

理性主义,将技能训练与文化修养、将职业发展与个体发展、将人、社会与自然的和谐发展融为一体。

关于"职业",亚里士多德认为,"如果职业目的是为自己或朋友或事业之完美,这种职业是自由的;如果是为他人或利益工作,则同样的职业,会被认为是低等的和不自由的"。[①]在很大程度上,亚里士多德的职业目的论符合职业平等的思想,同时,"为自己或为朋友或为事业之完美"的观点更是现代职业教育所缺失并特别需要推崇的,这与当下职业教育中亟须重拾的"匠人精神"在很多方面相契合。

何谓"匠人精神"?《辞海》与《现代汉语词典》中并没有确切的解释。而"匠人",是指有技艺专才的人,"匠"是一门属于现实生活的技艺,是高超的技艺,"匠人"不断锤炼、磨砺,为的是对技艺和品质的至高追求,更是对"心"的历练。《庄子》一书中记载了匠人梓庆的高超技艺,"梓庆削木为鐻,鐻成,见者惊犹鬼神。鲁侯见而问焉,曰:'子何术以为焉?'对曰:'臣工人,何术之有!虽然,有一焉。臣将为鐻,未尝敢以耗气也,必斋以静心。斋三日,而不敢怀庆赏爵禄;斋五日,不敢怀非誉巧拙;斋七日,辄然忘吾有四肢形体也。当是时也,无公朝,其巧专而外骨消。然后入山林,观天性,形躯至矣,然后成见鐻,然后加手焉;不然则已,则以天合天,器之所以疑神者,其是与!'"[②]从中衍生出的"匠人精神"是为追求完美、实现自我价值,在完善、打磨、升华作品过程中表现出专注事业、心无旁骛、坚持不懈、严谨细致、精益求精的品质和境界,其本质特点就是把平凡的、单纯的事情做到极致,其核心精髓是树立一种对工作执着、对所做的事情和生产的产品精益求精、精雕细琢的精神,即所谓"一念执着,一生坚守"。培养学生对职业、事业的坚定信念和深沉热爱,是高等职业教育成才目标的核心追求。

中国是一个匠人精神源远流长的国度,诸子百家争鸣的春秋战国时代的墨子、鲁班和庖丁、发明地动仪的东汉张衡、创造木牛流马的三国诸葛亮、撰写《梦溪笔谈》的北宋沈括、撰写《天工开物》的明朝宋应星……,这些都

①张法琨选编.古希腊教育论著选[M].北京:人民教育出版社,1994,325.
②庄子.中华国学经典精粹:诸子经典必读本·庄子·达生[M].北京:中华书局,2009:79.

古代匠人的典范。在当代，也不乏火箭"心脏"焊接人高凤林、航空"手艺人"胡双钱、高铁研磨师宁允展、"两丝"钳工顾秋亮等平凡的劳动者演绎着"匠人精神"的风采和魅力。然而，在当下这个社会转型、产业升级、科技日新月异，以效率和速度为先，以效益最大化为法则的大环境里，匠人精神所推崇的修行，修炼，不浮不殆、不急不躁、筚路蓝缕、久久为功，追求完美，执着工作，敬畏职业等似乎显得不合时宜。或许，当匠人精神所承载的文化内涵和德性素养成为高等职业教育，乃至整个社会的常态追求时，中国的高职教育的风貌必会焕然一新。

关于技术技能，高职教育除了要有能力将知识转化为能够被熟练运用的技术技能外，还要加深学生对所从事职业价值的认识。杜威在《民主主义与教育中》指出，如果职业教育肯定职业的、理性的和社会的价值，那么它就要实行有关目前形势的背景的教学，诸如科学的训练等。①那些仅仅是为了生存、某种特定职业做准备的教育属于古旧范畴的、纯粹意义上的、狭隘的传统技术技能早就应该被摒弃，一项技术技能的掌握亟须无限的理智内容和无限的文化修养。

20世纪70年代，产生于英国的新职业主义针对传统职业教育培养内容与目标过于具体以至狭隘，难以满足经济增长、工作结构重组以及职业变更新要求的不足，主张普通教育与职业教育的对话交流，并注重后者与学术教育的内容整合，培养核心技能。而核心技能，是指完成任务和解决问题的实际能力，具有通用性、可迁移性和工具性的特点，它不是传统意义上的、高度专门化的狭义的技能，它包含相同的认知和体验、可迁移的材料以及与民主相关的同等价值观等，所有这些都是完成工作必不可少的条件。

高技术技能的获得不仅具有工具价值和功利价值，使经济富有成效和竞争力，而且提升了以工作为基础的幸福感。②从以高技术技能为基础的职业分类中可以看出，高技术技能常常伴有文化、道德、教育及经济动机，比如

---

① 约翰·杜威. 民主主义与教育 [M]. 王承绪，译. 北京：人民教育出版社，1991：333.
② 马歇尔提出富裕使人关注美的事物，由此有了对工艺精湛产品的需求。因此，人们不断变化的对幸福的概念影响对高技能产品和服务的需求。

一位机械电子装配工不仅拥有技术，还拥有与其职业身份相关的态度、价值和对环境的敏感性；不仅包含技术美德，如工作自豪感、认真仔细、好奇和追求完美，也包括职业美德，如诚实、喜欢与人交往、乐于协作及关心同事和公共事务。

"技进乎道"是高等职业教育成才目标超越功利价值的最佳路径和至高境界。庄子用庖丁解牛的故事对这种境界进行了说明，"一名庖丁为文惠君宰牛，动作娴熟出神入化，文惠君很惊讶。庖丁说，'臣之所好者道也，进乎技矣'"。技在道中，道现于技，只有"技进乎道"，才能达到工作的自由境界，这个时候，一个人对于工作的享受，已经不在于纯技术的熟练，而是技术所带来的"艺术境界"。徐复观在解释这种艺术精神时说，庖丁"未尝见全牛"，说明他的心与物（牛）的对立消解了；由于庖丁"以神遇而不以目视，官知止而神欲行"，因而技术对心的制约性解消了。[1]换句话说，一位技艺高超的大师，必定能把个人的特长、才能和审美情趣表现得淋漓尽致，必定能从自己的作品中体验到成功的快乐，必定超越了技术的功利价值，必定领悟了技术的自然之道和自由之道。

第三节　成人与成才的统一：高职教育改革发展的终极追求

一、成人彰显高职教育的通有本质和本体价值

如果说，成才是高等职业教育凸显高等性和职业性的特有本质和功利价值，那么，成人则是高等职业教育彰显教育性的通有本质[2]和本体价值。

高等职业教育面对的人，不是简单的所谓低考分学生，而是与其他教育

---

①徐复观.中国艺术精神[M].桂林：广西师范大学出版社，2007：39.
②欧阳河等.职业教育基本问题[M].北京：教育科学出版社，2006：233.

类型学生一样的有血有肉、活生生的人。这些人是新加坡中小学校长委任状里所描述的"许许多多正在成长的生命，每一个都是如此不同，每一个都如此重要"；是安徒生童话《皇帝的新装》里高喊皇帝没穿衣服的充盈着"童心""好奇之心"和"直率之心"的那个小孩；是日本文学家村上春树在2009年度耶路撒冷文学奖获奖感言里所提及的灵魂中具有极致独特性和不可替代性的"脆弱的鸡蛋"，是笔者2013年在美国费里斯州立大学所看到的"学生是校园里最重要的人，没有学生，大学将没必要存在，学生不是冰冷的注册数据，而是鲜活的有血肉的人，像我们自己一样有着感受和情感，不能为了能够做我们自己的事情而忽视任何学生，他们就是我们的事情，没有一个学生在依赖我们，是我们依靠着他们，不存在打扰了我们的工作，我们工作的目的就是为了他们，不是我们在给学生帮助，而是他们帮助了我们，让我们有机会做这些工作"。

这些人，一样具有天赋的人的可发展性。在张楚廷教授看来："人的可发展性至少包含人的可反身性、可自控性、可受授性、可暗示性（或可感染性）、可超越性等这样一些方面，自我意识与这一切都紧密相关"。[1]"可反身性指的是人可以自己以自己为意识对象"，当这种特性得到发展和进一步强化时，当真正走向自己催促自己发展时，人的事实上的发展将更加明显；可自控性与可反身性是同一过程的两方面，后者是自己催促自己发展，催促自己向前走，前者是自己阻止自己停滞和倒退，自己控制自己不向后退；人的可受授性是文化传承的基础，布鲁纳认为，任何知识都可以通过某种方式"传递给任何年龄的任何人[2]；可暗示性与可受授性也是同一过程的两方面，后者指的是主体接受外界以显性方式传递的信息，前者则指的是主体接受外界以隐性方式传递的信息，人的可暗示性预示着人具有诸多发展的条件；可超越性是"可发展性中的较高级形式，人亦具有可适应性"，人积极的适应亦可视为一种发展，然而，人在本性上是超越性的存在，"对超乎现实的追求是人类先天

---

①张楚廷.高等教育哲学[M].长沙：湖南教育出版社，2004：417.

②布鲁纳.教育过程[M].邵瑞珍，译.北京：文化教育出版社，1982：32.

的欲望之一”①。

这些人，是因人格健全和精神充实而感到幸福的，西北师范大学刘旭东教授指出，追求身心优化组合和全面和谐发展是教育共同的目标，而这种教育必定是去功利化的，在身心素质方面促进人的发展②。

面对这些人，高等职业教育要坚决摒弃那种将发展的元价值归结为经济的增长、适应环境能力的增长和资源的利用水平等功利价值上的观念，要特别警惕物性的膨胀、心灵的隔离以及“由原初派生出来的东西和平庸的知识”③，始终将人作为逻辑起点和归宿，在寻求人人成才、成功的同时，更要注重“智慧与精神”的教育，将教育活动导向“人与人精神的契合”“人的灵魂觉醒之本源和根基”④以及人性的激发，为人的发展提供更多的空间和选择，为人的可行能力的提高和充盈提供多样的路径和支撑。自由是指能够过上自己想过那种生活的可行能力——一个人的可行能力是实现各种不同生活方式的自由，是指此人有可能实现的各种可能的功能性活动组合，可行能力意味着按自己的意愿、过有价值生活的实质自由。

面对这些人，高等职业教育在改革发展的实践中，必须坚持人本的价值取向。前文已述，以“技术技能”为维度的“成才”观是高等职业教育职业性和高等性类型特色的表征，体现了高等职业教育正视自身发展的理性自觉，那么，以人本为取向的成人观，则是高等职业教育在不断摒弃单向度与功利化的畸形发展，纠正技术技能工具化训练的偏颇，厘清职业性、高等性与教育性的三重关联，实现职业能力、职业道德和健全人格的融会贯通过程中，基于教育性这个通有本质的积极回应和终极追求。

我国近代中华职业教育社的创始人和我国职业教育的开拓者黄炎培先生的职业教育思想就特别关注以人为本。他说“‘以学生为本位’之教育，乃能收到教育之良果。否则，功课虽及格，然人愈呆滞、愈拙笨，吾恐其异日变

---

①冯友兰.中国哲学史[M].中国台湾:兰灯文化实业股份有限公司，1993:87.

②刘旭东.无立场的教育认识与人的全面发展[J].西北师范大学学报（社会学科版）.2010（2）:55-59.

③雅斯贝尔斯.什么是教育[M].邹进，译.北京:生活读书新知三联书店，1991:148.

④雅斯贝尔斯.什么是教育[M].邹进，译.北京:生活读书新知三联书店，1991:148.

为非洲山谷中之鱼耳！""人各有特别之才能，本之天赋，苟一一用之于适当之途，与因学之不当，用其所长，或竟学成不用而一一废弃之，两者之一出一入，其影响于国家、社会前途，岂复可以数量计？"[①]很显然，黄炎培先生认为职业教育不仅仅在于培养学生的技能，更要促进学生在人格上、意志上、情感上、关键能力的全面发展，只有这样，培养出来的人才能更好地为社会服务。1919 年，黄炎培指出了只注重技能培养的职业教育的种种劣势，在他看来，只注重学生技能的培养，而不关注学生的精神陶冶的教育是一种机械教育，此类教育是绝对培养不出品德高尚的公民，最多只能造就艺徒的类似者。黄炎培先生认为职业教育是用符合学生的教育方法，依据学生的实际情况，挖掘他们的个性，使他们获得生活的来源和乐趣，同时尽到他们对群体的职责。黄炎培先生敏锐地觉察到了"个性"和"乐趣"，因而在他的描述中，职业教育是一种关注人的情感、促进人的可持续发展、给予人快乐的教育，或许这样的教育才是具有发展性和前瞻性的。在《中华职业教育社成立五年间之感想》（1922 年）中，黄炎培先生提出"职业教育，将使受教育者各得一技之长，以从事于社会生产事业，藉获适当之生活；同时更注意于共同之大目标，即养成青年自求知识之能力、巩固之意志、优美之感情，不惟以之应用于职业，且能进而协助社会、国家，为其健全优良之分子也。"[②]然而，在改革发展实践中，高等职业教育的适应性、针对性和实用性特征，使得高等职业教育的经济性和工具性的功能异乎寻常地显现出来，一味地强调为社会服务的功能，而不遵从学生的本性和爱好，只教学生技能，而不教学生如何做人，不去想办法提高学生的职业道德。高等职业教育似乎越来越成为一种"制器"，而非"育人"的教育，越来越远离教育成人的根本目的，而从事着实际在培养人力的职业培训。近年来，人们较多地批判高职教育的功利性，从历史的角度提出了高等职业教育应从社会本位和能力本位向人格本位复归。

事实上，职业教育本身就具有工具的适应性和完美人格实现的超越性两种取向性特征，在这两种特性之间，为有力地防止工具理性的过度泛滥，寻找

---

①黄炎培 . 黄炎培教育文选 [M]. 上海：上海教育出版社，1985：39.83.

②中华职业教育社编 . 黄炎培教育文集 [A]. 北京：中国文史出版社，1994：97.

当今职业教育所缺少的人文情怀,应注重职业教育的终极目的。这就是说,高职教育要在工具性功能和个体性功能之间有张有弛,高职教育的终极目标是实现完美个体人格,要用这一目标来引导和规范实践中的各项工作。然而,当下的高职教育的核心追求却是技术性,这有意无意地忽视学生生命发展的可能性即超越性,由此可见,学生作为个体存在的生命性和本体性被忽视,主要还是因为高职教育对技术性的盲目追求。为此,高等职业教育应该通过恰切的成人路径,培养具有多元个性、创新意识、尊重生命、重视自我实现的全人即有德之人和有用之才。全人的教育思想绝不是普通教育的专利,同样也适用于职业教育,从中国教育家杨贤江的全人生指导到日本学者小原国芳的全人教育再到德国哲人康德的完人教育理念,都可以作为指导职业教育发展的思想资源。

二、从"好人"到"合格公民"：高职教育成人与成才统一的恰切路径

亚里士多德说,"做一个好人与做一个好公民可能不完全是一回事"[①],"好人"强调个体道德德性的整体性,它是个体为了完善自身发展的统一道德德性,"好人"的伦理规范既包括个体自身私人德性的养成,也强调对最高德性的永恒探寻,在本质上是对善与美追求的体现;而合格公民则侧重个体所具备的政治智慧,它关注的是个体参与公共生活的基本准则和行为品质,在本质上是正当和正义问题在个体行为上的反映。

刘铁芳教授认为,"'好人'以自然人为基础,具有高尚品德,以完善自我、追求卓越为基本目标;而'合格公民'恰恰是要克服与超越自然人的特性,是将个体与社会紧密联系在一起的,个体构成社会人的存在,注重科学知识,使得人能够用这些知识改造社会、造福人类;'好人'是有差异、个性化的,而'合格公民'是具有一致性、共性的。"[②]正像卢梭所言,"人只有回归

---

①亚里士多德.尼各马可伦理学 [M].廖申白译注.北京:商务印书馆,2003:133.
②刘铁芳.古典传统的回归与教养性教育的重建 [M].北京:北京师范大学出版社,2010:218.

到自然人的本性，才能成为人，实现作为自然人的单纯性，但人若要成为公民，就要否定和超越自然的本性，实现社会人的本性。"这样，一个人的教育就呈现出两条基本路径："一方面，通过内心自然对外在社会的否定，即纯真对世故的否定，使得他的所有社会习得都尽量符合他的内在发育的状况，即卢梭所说的'教育成一个人'的教育；另一方面，还有一个共同体的生命和意志，共同体的公共人格，即'教育成一个公民'的教育"①。

但是，就像伦理学中"正当"与"善"不能绝对区分一样，"好人"与"合格公民"并非像文字表述那样泾渭分明。事实上，正如万俊人教授所说，"如果把道德生活看作一个多元的结构系统，解释道德的目的和伦理启示都是非常有必要的"。②同样，在一定程度上，"好人"与"合格公民"的区别主要体现在教育目标的优先性问题上，其实在实践中，两者是互相补充和融通的，一方面，"好人"教育要想真正开展，必须兼备"合格公民"所组成的理想整体的条件；另一方面，高尚的道德品质促使公民履行职责和义务，为把公民培养成"合格公民"提供极大可能，还能够进一步提升人们的道德。由此，"好人"和"合格公民"要两者兼顾，不可偏废，从"好人"到"合格公民"，考量的仅仅是哪一个更具优先性的问题。

苏格拉底是"'好人'+'合格公民'"的典范。黑格尔总结说，"苏格拉底是各类美德的典型"，他对他人的态度不仅是正直的、真实的、坦率的、温和的、可敬的，而且是最完美的阿提卡文雅风格的典型……他绝不以个人的癖好来强求别人，绝不做使人难堪的、触犯他人的事情"③；总之，"他本人是一个彻头彻尾高尚的人，一个可塑的有教养的人，而且具有高贵的品格"④。苏格拉底被判处死刑后是有机会逃走的，他却毅然赴死，理由只有一个，苏格拉底要做一个不违反城邦法律的、有利于城邦整体的合格公民，即为了做一个

---

①渠敬东.教育的自然基础：解读《爱弥儿》的前三卷,参见教育与现代社会 [M].上海：上海三联书店，2009：49.

②万俊人.论道德目的论与伦理道义论 [J].学术月刊，2003.(1)：75-84.

③黑格尔.哲学史讲演录：第二卷 [M].贺麟,王太庆等,译.北京：商务印书馆，1960：52-53.

④黑格尔.哲学史讲演录：第二卷 [M].贺麟,王太庆等,译.北京：商务印书馆，1960：88.

合格的公民,他甘愿赴死。

　　笔者 2013 年在美国费里斯州立大学访学期间,有两次的亲身经历可以作为从"好人"到"合格公民"成人路径的重要性、必要性及优先性等相关问题的印证。

　　一次是负责我们访学事务的 Bob 博士的"Student Development and Success"主题讲座,讲座后,笔者撰写了一篇学习日志。

　　Bob 博士借用 Chickering 的教育认同理论(Education and Identity Theory),介绍了学生发展自我认同的七个向量。Chichering 对 Erickson 的"人格危机"(Identity Crisis)进行了深入的研究,于 1969 年提出学生人格发展的七个向量, 1993 年他与 Reisser 一起对其七个向量理论作了修订。

　　Chichering 认为,学生发展的七个"向量",即通过大学教育所形成的与其身份相适宜的七种能力或素质,主要包括：developing competence (自我发展能力)、managing emotions (情绪管理能力)、moving through automomy toward interdependence (从独立性的养成到与他人相互依存的能力)、developing mature interpersonal relationships (成熟人际交往能力)、establishing identity (自我认同的能力)、developing purpose (生活目的性形成的能力)、developing integrity (健全人格的养成)。

　　与美国相比,我们国家在个人发展上似乎有比较大的不同。撇开儒家传统的"道德成人",民国时期蔡元培先生提出了"德、智、体、美、世界观"五育并举的教育方针, 1949 年以后,新中国提出了"德、智、体、美、劳"的全面发展理论,这些个人发展的理论与美国人的七个向量理论在学生个人发展的界定、内涵及路向等方面都有较大的区别。

　　区别在哪里？我们认为,无论是儒家的"道德成人"、蔡元培的"五育并举",还是新中国的"全面发展",我国在个人发展上的理论与实践并没有超越"个体"的范畴,带有很明显的私密性色彩,也就是说我们的发展在很大程度上停留在作为"个体"的人的发展(或者说作为"好人"的生成),缺少作为"类"的人的发展,而"类"的发展正是培育现代公民的前提和基础。

　　从 Chichering 的七个向量发展理论与实践中,我们除了能够看到"自我发展、情绪管理、自我认同、健全人格的养成"等作为"个体"的人的发展,也能很轻易发现"从独立性的养成到与他人的相互依存、成熟的人际交往、生活目的性的形成"等作为"类"的人的发展。也就是说，美国人以"私密性"发展为基础，不断走向了"公共性"发展。这就不难理解为什么美国费里斯州立大学在其三大使命中有一个就是培育"responsible citizenship"，即负责任的现代公民。

公民与个人有什么区别，不是我这篇日志所要涉及的内容，有兴趣者可以自行查阅相关文章，2004年，我在湖南师大读硕士研究生时发表的一篇文章《臣民·新民·公民——浅谈现代公民教育》中略有谈及。在这里我只想强调一点，"公共性与公民"的最大特征就是"负责任的参与"。

培养负责任地参与各类公共事务、社会事务的习惯和意识似乎在我国的各种类型、各个层次的教育中还比较欠缺，那么，从Chichering的七个向量发展理论中获得启示，或许对于我们学生的个人发展不无裨益。

另一次是对一句常用语——"DO YOU NEED ANY HELP"的体悟。

"DO YOU NEED ANY HELP"，这是我们在日常生活中最想听到的话语之一，尽管这句话是那么的质朴与平和，却让人有一种温暖入怀与关爱入心的感觉。

在费里斯州立大学的第一个月里，我直接面对这句话有三次。

其一，在刚到费里斯的时候，要找导师上课的教学楼，偌大的校园，即使拿着地图也有点不知所措，正当我们踌躇迷茫之时，一个学生主动问我们，"DO YOU NEED ANY HELP"？

其二，这个星期四在图书馆上完课，因为等几个同事，我在四楼过道刚徘徊了一小会，从电梯里出来的一个老师主动问我，"DO YOU NEED ANY HELP"？

大家千万不要以为，只是因为我们是访学的外国人才会享受到这种礼遇，事实上，在费里斯，来自各个国家的国际学生比较多，也绝不会因为我们来自中国（从外貌上讲并不能完全确定我们就是中国人）才如此。在我看来，"DO YOU NEED ANY HELP"所蕴含的德性（品德）首先显现为个人德性（品德），个人德性（品德）再融合升华为社会德性（品德）。当这种社会德性（品德）成为一种常态时，这个社会的每个人（包括我们这些"匆匆过客"）都会经常听见"DO YOU NEED ANY HELP"。自然而然，内心有个比对，我们的社会为什么不能经常听见"DO YOU NEED ANY HELP"，不是因为我们缺少有品性的个人，而是缺乏从个人德性（品德）向社会德性（品德）的上升和生成。

这两次"DO YOU NEED ANY HELP"是美国人对我而说的，下面这次是我对美国人而说。

其三，今天吃完早餐返回房间，在一楼楼梯口，看见 Housekeeper 的女儿往二楼搬一个大袋子，小姑娘应该不超过 6 岁，吃力地拖着袋子。我跟她说，"DO YOU NEED ANY HELP"。小姑娘客气地拒绝了我，"No, I do it by myself"。我非常惊讶，但很快就释然，可能是小姑娘向妈妈承诺了能一个人把袋子搬上去，既然承诺了，就要对承诺负责。小姑娘从小就表现出强烈的个人责任心，即使是很辛苦也要承担责任，当这种个人责任（个人品德）上升为社会责任（社会品德），当这种社会责任（社会品德）成为一种常态时，这样的社会将具有多么强盛的生命力啊。

三次面对"DO YOU NEED ANY HELP"，折射出一个问题，即成熟、健全社会的标志之一是要有常态的、成熟的、健全的社会德性（品德），而这种社会德性（品德）又是社会每个成员个人德性（品德）的上升和凝聚。

从"好人"到"合格公民"是"自然生命"与"社会实践"的和谐一致，人既需要遵从"自然生命"的本能冲动而满足情感的欲望、求知的欲望和审美的欲望，也需要融入"社会实践"过负责任的公民生活。同时，"由于每个人的生活经历以及个性迥异，每个人都有根据自己的具体情况设定的生活理想，实现理想的途径也各有不同，这就意味着每个人都要选择自己要走的路。其他任何的教育或是社会权威、机构都不可能告诉我们该走什么样的路，学习什么样的知识和方法能实现我们的生活理想。从严格意义上说，教育和教育权威甚至都无法为每个人提供有效的实现个人的自我价值的指导。因为，一个人的生活经历、对生活的期望、精神创造出的东西，没有其他任何一个人或者机构更能比我们自己更了解了，既然如此，我们的自我实现是不可能被确定和指导的"。[①] 尽管，高等职业教育已不是基础阶段的学校教育，学生在身

---

① 金生鈜．规训与教化 [M]．北京：教育科学出版社，2004：13．

体、心理和情感上已经形成了某些所谓的"既得状态"，学生面对不断开启的公共生活也形成了对"国家与社会""民主与宪政""法律精神""个人的社会责任感"的某些所谓的"既有理解"，但是，无论怎样，高等职业教育遵循从"好人"到"合格公民"的成人路径，一方面，引导学生在追寻真、善、美的整个过程中，不断激发对各种知识、技术、技能的渴求；另一方面，不断开启学生的公共生活视野和公共价值关怀，并最终把学生引向自我成长、自我教育之路，不正是高等职业教育"成人"与"成才"统一的恰切路径吗？

第二章　成人与成才的疏离："互联网+"时代高职教学改革面对的基本问题域

第一节　高等职业教育的教学改革历程

中国高等职业教育的产生最早可追溯到 19 世纪 60 年代实业教育在我国的兴起①。经过两次鸦片战争后的清朝政府，于 1861 年至 1894 年开展"师夷长技以制夷"的洋务运动，开始兴办高等实业学堂和专门学堂。此外，20世纪初成立的专科学校也属于高等职业教育的类型。民国学者何清儒在其编著的《职业教育学》(1941 年，商务印书馆出版) 一书中最早提出"高等职业教育"的概念，从大职业教育观的角度出发，将职业教育划分为中等职业教育和高等职业教育，并指出，"大学中的各科教育，或专科学校的教育都是职业教育，因为都是为各种职业做准备的"，但没有对高等职业教育的范畴作严格界定，高等职业教育的定位非常模糊。

严格上来说，高职教育始于 20 世纪 80 年代初。原国家教委在 1980 年批准建立了我国首批职业大学，共 13 所。在我国教育改革和发展中，高等职业

---

①何清儒．职业教育学 [M]．北京：商务印书馆，1941：7．

教育被提到重要的议事日程。在 1991 年,《国务院关于大力发展职业技术教育的决定》,明确提出了高等职业学校"培养技艺性强的高级操作人员"的目标。20 世纪 90 年代中后期,为加快发展高职教育,我国制定并实行了"三改一补"和"三不一高"的政策措施,并一步步地将普通专科教育纳入高职教育中。教育部在 2006 年 11 月发布了《关于全面提高高等职业教育教学质量的若干意见》(教高〔2006〕16 号)指出,高等职业教育是高等教育的一种类型,其职责是为生产、建设、管理、服务培养急需的高素质技能型人才。2007 年 5 月,在国务院常务会议上,审议并通过了一项决定,即《关于建立健全普通本科高校、高等职业学校和中等职业学校家庭经济困难学生资助政策体系的意见》,不再使用"高职高专院校",而是直接将高职高专院校统称为高等职业学校。我国在 2010 年 7 月发布的《国家中长期教育改革和发展规划纲要（2010—2020 年）》提出,"大力发展职业教育,到 2020 年,形成适应经济发展方式转变和产业结构调整要求、促进高职教育和中等教育协调发展并体现终身教育理念的现代职业教育体系,使人们接受职业教育的愿望得以实现,同时也为社会经济培养高素质生产者和技能型人才。"[①]2014 年 5 月,在国家颁发的《国务院关于加快发展现代职业教育的决定》中提到了要使高职教育的发展模式得到创新,并且积极探索发展本科层次职业教育,创新专业学位研究生培养模式,形成定位清晰、科学合理的职业教育层次结构。2019 年 2 月,《国家职业教育改革实施方案》明确提出,职业教育与普通教育是两种不同教育类型,具有同等重要地位,要推进高等职业教育高质量发展,把发展高等职业教育作为优化高等教育结构和培养大国工匠、能工巧匠的重要方式,使更多的城乡新增劳动力接受高等教育。2021 年 10 月,中共中央办公厅、国务院办公厅印发《关于推动现代职业教育高质量发展的意见》,要求强化职业教育类型特色,推进高等职业教育提质培优,实施好"双高计划",集中力量建设一批高水平高等职业学校和专业;稳步发展职业本科教育,高标准建设职业本科学校和专业,保持职业教育办学方向不变、培养模

---

①中国中央文件研究室.十七大以来重要文献选编（中）[M].北京：中央文献出版社,2011:512.

式不变、特色发展不变。

在高等职业教育发展的 30 多年里，我国正处于经济社会发生深刻变革的过渡转型期，经历了计划经济过渡到市场经济的体制改革，经历了工业化初级阶段过渡到中级阶段的发展道路变革，经历了精英教育过渡到大众化教育人才培养方式的改变，经历了从知识本位到能力本位再到人本导向的价值变迁。高等职业教育与经济社会发展的关系密切，其发展深受经济社会发展中的这些历史性转折的影响，为了与经济社会相适应，高职教育的改革势在必行。综观高职教育 30 多年的发展历程，其围绕成人与成才这对范畴所进行的教学改革大致经历了以下四个阶段。

一、身份认同：成人与成才目标模糊

改革开放这一决策于 20 世纪 80 年代初在我国正式确立并付诸实践，至此我国的发展进入一个全新的历史时期，职业教育随着经济的复苏与快速发展蓬勃兴起，高职教育也开始起步。到 1980 年，一批由中心城市创建的新型地方性职业大学率先出现在我国，主要是出现在东南沿海地区和经济发展较好的城市，如南京、常州、武汉、厦门等，这些职业大学的特点是收费、走读、不包分配。1981 年 9 月 1 日，湖北省政府同意武汉创办江汉大学，其特点是实行走读、酌收学费、不包分配、择优录取，10 月 8 日教育部批准江汉大学的创立，湖北江汉大学一度成为我国新型职业教育的典范。1983 年，《国务院批转国家教委、国家计委关于加速发展高等教育的报告》提出，要踊跃倡导大城市、经济较发达的中等城市以及大企业举办职业大学，这类职业大学应该是短期，但规模不宜过小。接下来的几年里几批职业大学先后获得国家批准成立了。截止到 1989 年，全国共有职业大学 117 所，在校生总人数达 7 万多人，毕业生人数为 2 万多人。严格意义上来说，这批职业大学是我国最早具有高等职业技术教育性质的学校，是我国高职教育正式起步的标志。

从 1985 年颁布的《中共中央关于教育体制改革的决定》可知，职业技术教育在我国当时整个教育事业明显发展不足，难以满足社会主义现代化建设急需高素质技术人才、水平良好的中等技术人员、管理人员和其他城乡劳动者的愿望，因此有必要采取高效可行的措施，促进职业技术教育的发展。《中共中央关于教育体制改革的决定》提出高中毕业生一部分升入普通大学，一部分接受高等职业技术教育,要重点发展中等职业技术教育,注重发挥中等专业学校的核心作用,注重发展高等职业技术院校,逐步建立起一个完整的职业技术教育体系。这是"高等职业教育"这一概念第一次正式地出现在我国官方文件,自此以后,职业教育的发展有了政策上的保障,这就开启了我国高等职业教育体制改革。

1994 年,召开了全国教育工作会议,会中确定了发展高职教育"三改一补"的基本方针,三改是指改革职业大学、部分高等专科学校、独立设置的成人高校的办学模式、培养目标;一补是指在仍不能满足需求的情况下,经批准可利用少数合格的重点中等专业学校改制或者举办高职班的方式作为补充"。先后在 1996 年和 1998 年出台的《中华人民共和国职业教育法》和《中华人民共和国高等教育法》正式确立了高职教育的法律地位。

至此,高等职业教育的身份从政策和法律两方面得以最终认同。但是,在此阶段,对高等职业教育的认识充满了矛盾,在高职的含义、培养目标、高职的地位、中职与高职教育衔接的手段以及高职的发展等问题上存在理解上的误区,高等职业学校基本上缺乏办学特色,要么是本科院校的"缩小版",要么是中等职业学校的"扩大版",高职教育这一阶段的发展主要依赖于政策的制定和实施,政策导向主要是对高职管理体制、办学形式、办学主体等方面和实践问题进行摸索和尝试,初步明确了我国高职发展遵循的道路和基础,而在人才培养目标、人才培养模式、课程建设、专业建设、教学方式以及教学评价等方面进行的改革探索并不多,成人与成才的目标比较模糊。

二、规模扩张：成人与成才泾渭分明

1999 年,中共中央、国务院颁布《关于深化教育改革全面推进素质教育的决定》,提出要培养一大批具有理论基础和实践能力的技术专门人才,满足生产、建设、管理等的需要,必须大力发展高等职业教育。在这一年,国务院还批准了教育部的《面向 21 世纪教育振兴行动计划》,这个计划明确提出要提高国民科技文化素质、缓解就业形势以及发展经济就必须积极发展高职教育。具体做法有：通过多种形式（包括本科院校和中专升格）举办高职教育,并在国家宏观指导下,把责任权下放给省级人民政府和学校,让它们对本地区高职教育的现有资源进行合理配置。截止到 2005 年,已经有 1091 所独立设置的高职（专科）院校,全国大部分地区也已经有一所或多所独立设置的高职专科院校。短短六年间高职院校数、在校生人数、毕业生人数、招生人数均增长了几倍,这显示出高职教育快速发展的良好形势。

这一时期是我国高职教育的高速扩张阶段,国家在政策上深刻认识到在我国经济建设和新型工业化道路上,高职教育起着至关重要的作用,因而提出了要大力发展高等职业教育的要求;同时较为系统地思考高职教育的发展并为之确立了明确的目标,提出以就业为导向,大力发展职业教育,大量培养高素质的技能型人才,推动转变职业教育办学模式。2000年,《教育部关于加强高职高专教育人才培养工作的意见》提出我国高职教育人才培养模式的六条基本特征,成为高职院校发展的纲领性文件。此后于2002—2004年,教育部先后三次召开了教育经验交流会,开辟了以服务为宗旨、以就业为导向、走产学研结合的高职教育发展的道路。高职院校依据中国的实际情况形成我国的人才培养模式,典型的有产学研结合人才培养模式、以就业为导向的人才培养模式等。

这一阶段高等职业教育发展的典型特征是规模发展、迅速扩张,数量庞大的毕业生能否顺利就业很自然就成为大家关注的焦点。"以就业为导向"揭示了这一阶段高职教学改革的方向,培养"实用性人才"是这一阶段教学改革的主要目标,成人与成才之间泾渭分明。"以就业为导向"的教学改革,旨在满足社会对应用型人才的需求,这就要求建构一套新的高职教育教学体系和人才培养模式,使之能够主动适应社会需求的;具体做法如下:一是坚持以实践教学和职业技能训练为主,优化教学内容;二是要引用项目、任务驱动、案例等多种先进的教学方法,培养学生的职业能力和综合实践能力;三是要加强校内外实现基地建设,强化学生技能训练,必须坚持"校企合作""工学结合"的职业教育模式,着眼于生产实际,使学生置身于真实的职业氛围之中;四是要以产学研结合为机制,推行"顶岗实习"制度,帮助学生理解本地区、本行业的人才需求现状及其职业技术与职业岗位的特点,从而让学生真正成为应用型人才;五是完善评价体系,采用学生、教师、企业、社会相结合的多元评价方式。

三、内涵提升：成人与成才若即若离

2005 年以后,高等职业教育规模不断扩大,在高等教育中所占的比例仍在上升,但增长速度比较缓慢,政府和各高职院校开始更多地着眼于提升内涵,这主要体现在两个典型事件上。

(一)示范性高职院校建设

2006 年,教育部和财政部正式启动"国家示范性高等职业院校建设计划",就高职教育内涵建设的内容、方式和步骤做出了具体规划,并且中央财政历史上首次为高职教育安排专项资金 20 亿元。在 2007 年,选出了三批国家示范性院校建设单位,分别有 28 所、42 所、30 所。此举的意义和目标在于,大大地提升示范院校在办学质量、教学水平、管理能力、办学效益和辐射范围等方面的能力,特别是要促进高职院校在社会服务能力和创建办学特色等方面的发展。发挥示范院校的示范作用,带动加快高职教育的改革与发展,逐步构建结构合理、功能完善、质量优良的高等职业教育体系,使之能更好地服务经济建设和社会发展。之后,国家还陆续实施了省(市)级示范性高等职业院校建设计划,促进各省(市)高职院校的发展走上了一个新的高度。这些举措造成了两方面的影响:一方面使高职教育的影响范围更广了,受到了各行各业的关注,有了更加良好的社会声誉;另一方面有效地促进了高职教育人才培养模式的革新,使得培养出来的人才质量得到了极大的改善和提高,大大增加了高职教育的"魅力"。

(二)人才培养工作水平评估

教育部从 2004 年开始确定建立五年一轮的教学评估制度,在全国范围内开展高职高专院校人才培养工作水平评估。其目的是适应高职教育变革发展的新需求,满足政府的各项需求,比如说转变职能、强化监督、规范管理等,以此全面推动我国高职教育的健康平稳发展。在 2004 年,《教育部办公厅关于全面开展高职高专院校人才培养工作水平评估的通知》(教高厅〔2004〕16 号)中明确要求,在评估过程中要注重评估与建设相结合,并且要以建设为重点,通过评估,帮助高职院校准确定位,坚持为经济社会服务,以就业为导向,走产学研结合的发展模式,加大教学基础建设,加大教学改革的深度和广度,利用学校自身资源条件,彰显学校的与众不同。这进一步明确了通过评

估全国高职院校的办学理念和人才培养目标,进一步规范了学校的建设和管理工作。教育部在 2006 年发布了《关于全面提高高等职业教育教学质量的若干意见》(〔2006〕16 号),这一文件明确指出,要适当控制高等职业院校招生增长幅度,加强内涵建设,切实把工作重点放在提高质量上。为了更好地贯彻落实这一文件精神,全面提高高职教育培养人才质量,促使高职教育办学走向内涵式发展道路,2008 年 4 月,教育部以前一轮工作评估的经验为基础,推出新的《高等职业院校人才培养工作评估方案》(〔2008〕5 号),这一方案起着显著的政策导向作用,全面引导着我国高等职业教育的改革。这一方案明确提出,要逐步形成科学合理的教学质量保障体系,这个体系是以学校为核心、教育行政部门为引导并且有社会参与的,以此促进高职教育健康平稳发展。[①]

此一阶段基于内涵提升的教学改革,围绕院校和学生的核心竞争力,主要从办学理念、人才培养模式、教学团队和课程改革等方面展开,成人与成才之间保持着一种若即若离的关系。

办学理念始终引领高职院校的改革和发展,是内涵建设的核心和灵魂,避免办学理念过于功利化,成为教学改革开展的前提。功利化问题包括:只注重适应社会的需要,对教育的根本目的和根本价值视而不见,即忽视了对人的个体价值的提升;把学生工具化,导致学生缺乏可持续发展的能力,竞争力不强等。

教学改革的关键是"工学结合"的人才培养模式的创新,不同的培养模式培养出不同特点的人才,高职教育不同于普通本科教育注重学术性,它强调技术技能的应用性,它是由企业来判断技术技能是否适用以及适用的程度,而不在于老师能否把理论课程讲得生动形象。不仅如此,高职教育还要考虑学生在真实的企业环境中参加实训的情况以及学生能力与市场需求之间的差距,因此,高职人才培养模式的主体应该是多元的,包括企业、社会、学校等主体。能充分调动学校、学生、老师、企业的积极性的模式,才是好的高职人才培养模式。

---

① 教育部.高等职业院校人才培养工作评估方案 [Z].2008-4-12.

把"校企合作、工学结合"落实到位。校企合作、工学结合,不是简单的"拉郎配",也不是随便拉上一两个企业、打上工学结合的旗号就行。目前我国的校企合作中,企业参与的积极性普遍不高。推动高职院校的内涵提升,就是在教学改革中要使国家对高职教育的顶层设计得到充分利用,"建立健全合作培养机制,促使学校与企业互相交流合作,让学校的人才培养融入企业生产服务流程和价值创造中去。

学生的培养质量受高职教学团队的知识结构、技能水平、人格魅力等方面的直接影响,高职教育以培养"高技术技能"为核心,要求建立顺应高职特色和发展规律的"双师型"教学团队。然而,高职教师多具备学科型背景,基本上以本科教育为主,知识储备和理论基础与高职教育难以契合,教学团队转型和优化的任务远未完成。因此,这一阶段教学改革的重要内容就是要彻底摆脱学科型发展的窠臼,真正形成双师型教学团队。

课程不仅与培养质量紧密相关,而且也关系着高职核心竞争力的生成。在这一阶段的教学改革中,高等职业教育在课程的设置、课程标准的制定、教学的整体和单元设计等方面都进行了改革和创新,在课改和建设方面做了很多的努力。高职课程与普通本科课程侧重点不同,后者侧重学科体系的完整性和逻辑结构的严谨性,而前者则突出课程的专业性、实践性和社会性。课程建设的目的在于满足企业的需求,适应市场的变化,它主要是指在具体的工作过程中坚持"教学过程对接生产过程"的原则,使课程与企业工作过程相适应。

四、层次提升:成人与成才走向融合

随着100所国家示范性高职院校先后通过验收,我国高等职业教育的改革发展进入了一个全新的阶段。这是因为经过一段时期的内涵建设,高职院校的教学条件得到了大大改善,办学水平和人才培养质量得到显著提高,同时服务区域经济社会的能力也得到了明显增强,内涵建设成为各个高职院校的自觉和常态,形成了全社会关心、重视、支持高职教育改革发展的浓厚氛围。于此,高等职业教育作为一个教育类型在其发展层次上有了新的诉求,基于"层次提升"的改革发展成为必然,成人与成才逐渐走向融合。

2014年6月23至24日,国务院召开了全国职业教育工作会议,这是21

世纪以来第三次召开此类会议。习近平总书记专门对职业教育工作作出重要批示，李克强总理接见全体与会代表并发表重要讲话，刘延东、马凯两位副总理在第一次全体会议上发表重要讲话，会议还发布了《国务院关于加快发展现代职业教育的决定》和《现代职业教育体系建设规划（2014—2020年）》。此次会议是在我国改革发展进入新阶段、教育事业面临新的机遇和挑战的背景下召开的一次重要会议，会议为我国新形势下高职教育改革发展指明了新方向，绘制了新蓝图，开启了新阶段，翻开了新篇章，是高等职业教育进入"层次提升"改革发展阶段的重要标志。

《国务院关于加快发展现代职业教育的决定》明确提出要改变以往模式，用一种"创新"的方式来发展高等职业教育。注意促进专科高等职院产学研合作，为了区域发展，培养技术技能人才，重点服务企业尤其是中小微企业的技术研发和产品升级，加强提供社区教育和终身学习服务。积极探索发展本科层次职业教育，构建以职业需求为导向、以培养实践能力为重点、以产学结合为方式的专业学位研究生培养模式，并建立与职业教育特点相符的学位制度。《现代职业教育体系建设规划（2014—2020年）》提出，在办好现有专科层次高职教育的基础上，大力发展应用技术型高校以及培养本科层次职业人才。应用技术类型高等学校作为高等教育体系的一个重要组成部分，与其他普通本科学校相比具有平等地位。高职教育规模占高等教育规模的一半以上，本科层次的职业教育也达到一定规模，因此构建以提升职业技能为导向的专业学位研究生培养模式将是未来改革和发展的趋势。

为贯彻落实全国职业教育工作会议精神和《国务院关于加快发展现代职业教育的决定》，2015年教育部、财政部陆续出台了《教育部办公厅关于建立职业院校教学工作诊断与改进制度的通知》《教育部关于深化职业教育教学改革全面提高人才培养质量的若干意见》《教育部关于印发〈高等职业教育创新发展行动计划（2015—2018年）〉的通知》《财政部教育部关于建立完善以改革和绩效为导向的生均拨款制度加快发展现代高等职业教育的意见》等，为基于"层次提升"的高等职业教育创新发展提供了更加清晰的路径和更加坚实的保障。

而基于"层次提升"的教学改革正处于不断地探索与实践之中，其显著特征之一表现为高职教育教学与互联网信息技术的深度融合。《国务院关于加快发展现代职业教育的决定》要求利用现有的信息化优势，建立能够加大高质量教育资源影响范围的合理机制，促进职业教育跨越不同的区域、进行行业资源的共建和共享，逐步实现所有专业的优质数字教育资源全覆盖。《现代职业教育体系建设规划（2014—2020年）》要求职业教育加快数字化、信息化进程，将信息化作为现代职业教育体系建设的基础。《教育部关于印发〈高等职业教育创新发展行动计划（2015—2018年）〉的通知》更是将推进信息技术应用作为高等职业教育创新发展的主要举措之一，明确了推进信息技术应用的新要求，提出顺应"互联网＋"的发展趋势的诸多创新具体计划。

这些年来，高等职业教育在寻求内涵发展、不断提升层次的过程中遇到诸多难题。比如，在教学资源方面，建设了近1000门国家精品课程，名声好、影响大，但使用效果不尽如人意；在教学方式方面，推行了很多改革，尽力促使老师们突破习以为常的传统，让考不上本科的高职学生能够积极主动地学习，但却有相当部分老师仍死守传统，填鸭式、满堂灌；在育人方面，探索了很多办法，但师生互动交流与个性化辅导总是受时间、空间和规模的限制；在管理方面，尽管对传统的科层制进行了改革，但始终未能真正形成扁平化的管理模式，难以保证管理的开放透明、公平公正以及快捷高效。

那么，如何破解上述难题？"互联网＋"给予了我们极大的启示，互联网信息技术与高职教育教学的结合正是改变教育教学资源建设和应用方式、传统教学方式、传统教学管理方式的有效途径之一。这几年风靡整个高等职业教育领域的慕课、微课、翻转课堂，还有国家级精品资源共享课、职业教育专业教学资源库以及名师课堂、专递课堂、同步课堂等都是有效探索的成果，这些探索不仅为高职院校的教育和管理带来了巨大的影响和变革，而且，也将为高职教育的教学改革和发展提供更大的实践空间，为每一个前来求学的孩子提供更好的教学资源、更好的职业教育，为他们健康地成长、快乐地学习提供更多的实现路径。

第二节 "互联网＋"时代对高等职业教育教学改革的冲击

一、"互联网＋"时代的特征：互联网思维的升华

我们幸运地碰上了一个前所未有的、颠覆性变革的大时代。互联网和各种技术的汇聚正是推动这个时代大变革的决定性因素，移动互联网开创了人类社会生活的新纪元。互联网思维正是当今信息文明时代人类社会生活日益网络化、信息化、一体化在人脑中的能动反映，是随着云计算、云应用、电子商务、物联网、大数据、智慧城市、虚拟技术和 3D 打印技术的发明和应用而引发的人类生存方式、生活方式变革的必然产物。

（一）互联网思维的基本内涵

在研究近代哲学问题时，恩格斯就提出了哲学中思维和存在的同一性问题，即我们一些对周围世界的思考与这个世界本身的关系是什么？我们的思维能否反映以及正确地反映这个现实世界？[①]他对马克思主义能动反映论的基本内涵进行了阐释，强调人的思维具有能动性，能够客观反映社会存在以及周围世界。这一问题为人类提供了价值引导，它告诉我们人的思维发展必须符合社会存在的要求。因为现实的存在是思维做出反映的本源，也就是说，人类的思维方式实际上是由社会的现实存在决定的。

在互联网时代，一切都将重新塑造，"媒体、图书、旅游、零售、手机、家电、电信、金融、教育……从轻量级的到重量级的，一个个传统产业，眼睁睁地就这样看着它们一步一步地被互联网改变着、重构着，兴衰、胜负、生死都重新来过。原来号令天下的巨头可能摇摇欲坠，甚至死无葬身之地；而名不见经传、不知什么来路的穷孩子，可能异军突起雄霸天下。长期紧盯、严防和死掐

---

①马克思，恩格斯．马克思恩格斯选集：第四卷 [M]．北京：人民出版社，1995:225.

的同行对手,可能突然变得不再重要甚至同病相怜,而从来不曾防范、一直互不相关的外行可能猛然跨界杀入,横刀夺爱,拿走你的用户、人才和市场"①。

互联网思维是相对工业化思维而言的。工业化时代,由于大规模机械化生产和科层制管理模式,中心化特征明显,资源相对匮乏、信息不对称、呈金字塔式结构。互联网和移动互联网带来了根本性变革、去中心化、扁平化组织架构、多元异质的自媒体传播、强烈的情感诉求、平等开放的自由链接,每一个个体都成为开放、互动、自组织的有机生命体。

习近平总书记在 2014 年 8 月主持召开中央全面深化改革领导小组第四次会议时指出,要强化互联网思维,推动新旧媒体互相取长补短,以及推动包括内容、管理、平台在内的各方面的深度融合、在合作中共同进步,坚持先进技术的支撑主导地位、加强内容的建设,并构建立体多样、协同发展的现代传播体系。由此,互联网思维迅速蹿红各行各业。但是,互联网思维的内涵是什么,尚未形成定论。概括现有的观点,主要有两种典型的理论。第一种称之为工具论,即指互联网是人们日常生活工作学习的工具,是人们开始每一天生活的前提。现在的工作、学习和生活都是基于互联网的架构和环境,如今所有企业连接到互联网就像企业必须接通电源那样必不可少。第二种称之为现象论,几乎每家互联网机构都有关于"互联网思维"的理解,例如,阿里巴巴马云曾经讲过互联网思维是跨界、大数据、简捷和整合;奇虎 360 董事长周鸿祎表示,互联网思维应该是用户至上、体验为王,并创新首倡互联网免费安全;小米科技创始人雷军提出了互联网七字诀:专注、极致、口碑、快;腾讯创始人马化腾提出了著名的互联网思维"马七条";赵大伟、陈光锋在原有互联网思维论述的基础上进行了整合,分别提出互联网的用户思维②等 9 大核心思维和"标签思维"③等 12 大核心思维,这是互联网思维现象论的系统化总结。

然而,无论有怎样不同的理解,核心点却是相通的,互联网思维是一种思

---

①赵大伟.互联网思维——独孤九剑 [M].北京:机械工业出版社.2014:7.

②赵大伟.互联网思维——独孤九剑 [M].北京:机械工业出版社.2014:27.

③陈光峰.互联网思维:商业颠覆与重构 [M].北京:机械工业出版社.2014:31.

考角度和方式，是在移动互联网、大数据、云计算等科技不断发展的背景下，充分利用互联网的精神、价值、技术、方法、规则和机会，对整个商业生态及整个人类生活世界进行重新审视的思维方式。互联网思维不是一种新的理论，它只是一种观念，一种让商业回归到以人为本的观念[①]。

（二）互联网思维的体现

我们以为，作为一种全新的思考方式，互联网思维的精髓和实质基本上可以由用户思维、大数据思维、平台思维以及跨界思维来体现。

1. 以人为本的用户思维

互联网思维的核心是用户思维，其他思维都是它在价值链不同层面的拓展延伸。以商业为例，用户思维就是指以用户为中心，即战略制定、商业模式设计、业务开展、组织设计以及企业文化建设都要以用户为中心，在进行设计时，不管是战略层、业务层还是组织层都要围绕着终端用户的需求和体验。

用户思维还体现为经济发展过程中的“用户本位主义”。市场参与主体的功能和扮演的角色随着不同的经济发展阶段而变化。计划经济时期，是所谓的政府本位主义，具体表现为：政府占据市场经济运行的核心地位，政府指令性计划主导企业的生产经营，政府是创造财富的主体。在计划经济向市场经济过渡时期，是企业本位主义，具体表现为：企业开始占据经济运行的主体地位，企业的产品支配着用户，企业成为创造财富的主体。此后，进入个人帝国主义时代，称之为用户本位主义，个人成为创造财富的主体。同时，以企业为中心（即 B2C，business to custom) 的经营发展模式发生了转变，转向以用户为中心（即 C2B，custom to business)。从企业经营层面上讲，用户本位主义意味着设计、标准、生产、内容、推广、销售、体验、评价均源于用户，使用户成为产品的创造者，所以，在互联网时代需要我们重新塑造企业与用户之间的关系，要让他们融入企业生产，甚至要让他们主导企业生产。而且，还要加深企业与用户的融合度，让用户对企业从满意度提升到美誉度再进一步提升到忠诚度，使用户成为企业的粉丝并乐于长时间甚至终身购买企业的产

---

①项建标，蔡华，柳荣军．互联网思维到底是什么：移动浪潮下的新商业逻辑 [M]．北京：电子工业出版社，2014：5．

品。企业不仅要把用户变成一般粉丝，还要把用户发展成为"忠心"粉丝，使他们主动积极地对外宣传产品的优点，从而吸引更多用户并购买产品，实现循环滚动式发展①。

以小米手机为例，进一步对用户至上理念进行阐述，小米手机秉承的互联网化产品开发模式理念便是"好的产品应该是由用户定义的，而非由工程师拍脑袋定义的"，其工程师们通过在网上与用户互动，收集成千上万用户的意见和建议，并把它们作为系统更新的依据，在其每周更新的系统功能中，大约有三分之一的意见和建议来自客户，大大促进了产品研发的高效性和有效性。②此外，小米手机通过网络销售，省略了中间环节，这不仅便利了消费者，也使消费者受利，从而吸引了大量的客户。

2. 基于整全、繁杂和关联的大数据思维

《大数据时代》的作者维克托·迈尔·舍恩伯格，最早洞见大数据时代人类社会科学和信息发展的大趋势。他指出，我们的生活、工作和思维受大数据带来的信息风暴的影响正在大大地变革，大数据带来了一次影响深远的时代转型，大数据时代的变革首先表现在思维方式的改变。大数据思维为我们开启了观察认识世界的新视野。大数据思维不同于以往的思维，首先表现在"从样本到全体"的转变，即改变过去依靠随机抽样来推测事物本质和规律的做法，在研究事物时注重从整体上认识把握研究对象，充分利用现有的收集、处理大规模数据的优势，对所有数据进行分析，进而发现原先未知的知识和关系。其次是从精准到繁杂的转变，它强调收集更多、更全、更新的数据，拒绝接受杂乱和不精准的数据，从凌乱、繁杂、多样、多源的数据中，厘清关系到事物根本性的认识。再次是从因果到关联的转变，通过大量的数据分析，我们发现一些原先未知的事物间存在某种联系，但我们不再习惯性地、一味地去追问"为什么"，而是更多地探索"是什么"，深度分析我们所获得的大量的、模糊的、快速变化的、多类型数据，从中挖掘有价值的信息，掌握和预测事物未来

---

①赵大伟. 互联网思维——独孤九剑 [M]. 北京:机械工业出版社 .2014:68.

②刘佳 . 小米：用互联网思维挑战传统规则 [EB/OL].[2013-12-10].http : //tech.sina.com.cn/i/2013-11-15/023-38915318.shtml

发展的趋势走向，或者从深度挖掘的过程中发现问题，从而引起人们的关注，做出预警推测[①]。从样本到全体、从精准到繁杂与从因果到关联的三大转变，长久以来人类的定式思维被打破了，这改变了人类的认知思维，改变了人类交流的方式，将为人类的生活创造前所未有的可量化的维度，将为人类社会带来前所未有的应用领域和想象空间，已经成为新发明和新服务的源泉，而更多的改变正蓄势待发。

3. 去中心化的平台思维

互联网的平台思维就是开放、共享、共赢的思维。去中心化是平台模式的精髓，即淡化人们的地域、身份、职业等，根据兴趣、价值观构建平等对话的开放平台，多主体共同打造一个共赢互利的生态圈。

以媒体发展为例。传统媒体要改变现在的以媒体为中心的单向传播方式，进而实现在媒体主导下的以用户为中心的互动传播模式，便可以通过打造信息发布和交流的媒体自身网络传播平台，利用微博、微信、移动客户端乃至微网站、微电台、社交媒体、自媒体等免费资源推送媒体内容，与用户进行积极的互动交流。通过激励机制和用户反馈机制，在传统媒体打造的传播平台上，不仅让用户获得信息，而且使用户可以自由地发布内容或发表评论，并通过网络视频平台，进行互动视频聊天，交流与讨论。媒体内容成为一种服务，而不再是一种产品，用户从媒体获得立体的体验，不再是单一地接受，用户不仅是信息的消费者也是内容的生产者和提供者。

以高职院校的教学为例，不妨打造各种开放共享的教学平台，如构建用以学习交流的网络系统，多开展具有合作性质的项目式情景式现场教学、打造校企合作基地、打造学校之间的资源共享平台等，扩大学生在一个广阔范围内的信息交流与合作共享的视野，丰富学生自身的知识，并通过相互之间的优势互补实现共享共赢。更为重要的是，在这样的氛围中培养学生开放性、合作性的意识，使学生在未来的发展中更能彰显包容性和开放性的视野。

---

①维克托·迈尔·舍恩伯格，肯尼思·库克耶. 大数据时代 [M]. 盛杨燕，周涛，译. 杭州：浙江人民出版社，2013:27-94.

4. 基于协同创新的跨界思维

基于哲学的视角,跨界思维是 21 世纪以来影响最深远的思维变革。它首先表现在跨越产业、行业以及不同领域引起的思维变革,而新思维又推动了跨越知识和学科边界的新业动态。

互联网思维称得上是真正的"跨界融合"的思维。跨界融合的双方可以是工业与服务业,可以是服务业内部各工业,可以是全球化与本土化,等等。此外,也可以是相关学科之间的融合。

自 21 世纪以来,跨界融合的思潮,已经开始萌芽,并且逐渐成为一种趋势。《跨越边界——知识、学科、学科互涉》对跨越边界与边界作业的情形做了全面的叙述,并对美国的创新发展的历程进行了回顾,从科技方面来看,最近几十年来,几乎所有的重大研究的发展都发生在已有学科领域的"互涉边界地带"。[①] 在 20 世纪末,以跨界融合为目标的"学科互涉"在美国科学技术创新中获得高度认可。在当时的美国,社会经济很不景气,这就促进了知识与发明在学科、产业、政府边界之间流动的需求。基于当前的经济衰退问题以及科学发展研究的现实情况,学科互涉与竞争成为国内科技领域的热点问题,1988 年美国自然科学学会 Sigma Xi 出版了《摈除边界:跨学科研究视角》一书,全面推动了学科的跨界融合。[②]

近些年来,人们更是在现实生活中注重跨界思维。如巴菲特的黄金搭档查理芒格,就对跨界思维大加赞赏。他认为跨界思维和创新研究的关系就像锤子和钉子的关系一样,一旦有了锤子,即有了跨界思维,就能打破创新研究中的钉子,在更广阔的范围中寻找连接点。

(三)互联网思维的典型特征

互联网思维在本质上是一种以人为本的民主化思维,强调开放、透明、平等参与和去中心化,具有平等性、开放性、协作性和共享性的特征。

---

① 朱丽·汤普森·克莱恩.跨越边界——知识、学科、学科互涉 [M].南京:南京大学出版社,2005:76.

② 朱丽·汤普森·克莱恩.跨越边界——知识、学科、学科互涉 [M].南京:南京大学出版社,2005:89.

1. 平等性

互联网思维与传统的思维方式不同，非常注重平等性，它依托于技术的发展。并且由于其离散的、无中心的特点，它具有极大的公平性，对所有人都是一律平等的。人人都可以称作为网友，享受同等的待遇，而不管你是什么样的身份地位，这就促进了各类人群之间在网络上的平等往来。互联网新媒体下的人际交往通过互联网的自组织，没有专门组织，人们就能通过网络交流往来，而这种往来是以公平为基础的。这可以说是互联网的无组织力量①。

互联网的平等性，实际上就是去中心化、去权威化、去等级化。去中心化，即只要自己的言行能够引起别人的关注，人人都可以成为中心；去权威化，就是指权威性由每个人自己的粉丝数量来决定，粉丝来自网络中的就代表网络的权威性；去等级化，即人与人之间能达到一种现实平等，人与人之间是一种水平关系，也就是说，人人都是中心。

2. 开放性

开放性是互联网的根本特征，也是互联网思维的一个重要特点，其作用是保证网络自由和网络共享。互联网是一个具有开放性的平台，它不限制我们上网的时间和地点，也就是说，我们每个人都能自由地浏览网络上的信息，人们既发布信息，也当信息的传播者。

开放就是互联互通，就是拆墙、打通，不仅实体空间和虚拟空间各自内部互联互通，而且实体空间和虚拟空间之间互联互通，虚实融通，相得益彰。开放使人们不受时间和空间的约束。互联网上的信息高效而精准，并且信息能够立即得到，也就是所谓的"即时化"，互联网使得人们不再受制于时间和物理距离。

3. 协作性

互联网自身的特征决定互联网思维以协作性为基础。互联网本身就是在一定的规则下进行协作，通过一些协议而连接成的单一遍布全球的国际网络。另外，在信息化技术迅猛发展的今天，各种新旧媒体协同合作，并且形成兼容各种终端以及有机组合各种媒体介质的新媒体传播环境。在这种新环境

---

① 姜奇平. 什么是互联网思维 [J]. 互联网周刊，2014（5）：70-71.

下，互联网的交流互动、人人都可以参与、多种方式传播的特征进一步放大了，众多参与者平等地、积极地表达，会在一个非常短的时间内快速地传播一个信息，人们之间互相传播信息，形成了一种自动在社会群体中传播的趋势，这进一步体现了互联网思维的"协作性"。

4. 共享性

共享性是互联网思维的重要特征，共享包含三个内容：分享、免费、普惠。普惠是在前两个的基础上形成的，只有做到了免费和分享，才能做到普惠。在互联网背景下，企业能分享得益于产品生产极低的边际成本；免费得益于大量无偿使用的"虚拟资源"。从参与者的角度上看，共享可以分为三种：第一种是个人价值共享，比如在微信朋友圈转发信息的共享；第二种是价值组织内部共享，此类共享仅限于特定的组织范围，比如企业内部的信息共享；第三种是价值组织外部共享，此类共享范围最广，为全世界的使用者共享，比如公共知识数字化条件下的社会共享[1]。再比如，在互联网背景下，任何人都可以共享全球巨大的知识资源库，贫富差距不再导致教育资源分配不公平，包括那些最贫困地区最贫困的人也都享有学习的机会。

（四）"互联网＋"时代：互联网思维的升华

当人们习惯以互联网思维来重新审视人类生活的各个领域时，必然会导致"互联网＋"的应运而生，"互联网＋"正是互联网思维及技术对传统行业的改造与重构，是互联网思维在具体行动上的显现。"互联网＋"这一概念，在我国首先是由易观国际董事长兼首席执行官于杨在 2012 年 11 月第五届移动互联网博览会提出，他认为，"互联网＋"应该是所有行业产品和服务与多屏全网跨平台用户场景结合之后产生的一种化学公式。"互联网＋"究竟意味着什么呢？用马化腾的话来说，"互联网＋一个传统行业代表了一种能力，是对这个行业的提升"。事实上，"互联网＋"的核心和关键在于这个"＋"，正是通过这个"＋"，互联网与已有的各行各业结合起来，创造出一种新的生态。

---

[1] 唐·泰普斯科特，安东尼 .D·威廉姆斯 . 维基经济学 [M]. 何帆，林季红，译 . 北京：中国青年出版社，2012:125.

从互联网自身生态来看，随着 Web2.0 的出现，信息传播方式呈现了去中心化、用户生产内容及平台化的新特征，基于大数据、人工智能技术，每个人都能够成为网络社会中的独立信息源，单向信息传播模式已经被多向模式所取代。因此，"'互联网＋'不只是对传统互联网某一方面或某一局部的提升，而是一次全新的革命，在这次信息革命中，主角从一个传播时代转向智能感应时代"①。

从结构生态来看，"互联网＋"打破了原有社会结构、经济结构、产业结构、文化结构之间的"生态平衡"，重塑了一种共生共荣的全新结构。在"互联网＋"条件下，传统结构可以利用跨界融合进行自我变革和转型升级，不同领域之间可以实现"连接一切"②，将生产、流通、消费、服务等环节互联互通，培育出全新的结构生态。

从社会生态来看，"互联网＋"为营造一种创新的、开放的、参与的、便捷的和高效的社会生态奠定了基础。在这样的社会生态之中，人人都会激发出最大的潜能和智慧，人人都可以成为和谐社会的建设者和创造者。正如俞可平提出的，"社会治理的理想结果是'善治'，其本质特征是政府和社会多元主体对公共生活的合作管理"③。"互联网＋"完全有能力构建政府与社会沟通的开放平台，促进各阶层主动参与到公共生活之中。

2015 年 3 月，李克强总理的政府工作报告首次纳入"互联网＋"行动计划，这意味着"互联网＋"正式被纳入国家顶层设计，成为我国经济社会发展"创新驱动"的重要形式。同年 7 月，国务院在颁布的《关于积极推进"互联网＋"行动的指导意见》中指出，"互联网＋"就是把互联网的科技创新成果投入到经济社会中去，去推动社会技术进步、经济发展，切实提升实体经济创新能力和生产能力，充分利用互联网的基础设施，以及发挥互联网的创新功能，形成一种由互联网推动的社会发展新形态。"互联网＋"是国家层面的战略选择，它是互联网思维与传统思维的结合，是一种"转型"和"融合"。

---

①项立刚."互联网＋"是第七次信息革命 [N].环球时报，2015-3-9.
②马化腾等.互联网＋国家战略行动路线图 [M].中信出版集团，2015:5-12
③俞可平.治理理论与公共管理 [J].南京社会科学，2001(9):40-44.

二、"互联网+"时代对高等职业教育教学改革的冲击

从高等职业教育的教学改革发展来审视"互联网+",应当注意到"互联网+"带来的不仅是教育技术的革新,更是对教育观念、教育目标、学习方式、教学方式等各个方面的冲击和重塑。

(一)"成才"规格的嬗变

《学会生存——教育世界的今天和明天》中指出,当代教育的目标是替一个未知的世界培养人才。"互联网+"背景下引发的高等职业教育"成才"规格的嬗变正是这一观点的最好注解。

在互联网信息时代的影响下,社会经济的产业结构、行业结构和技术结构发生了巨大的变化,职业种类万象更新,在许多职业岗位逐渐衰落甚至消失的同时,有许多新的职业岗位出现并得到发展。现代社会职业岗位体系已是一个动态的大系统,尤其是那些技术含量较高的职业岗位群集,它们的外延和内涵变化更大,而且,由于社会在不断地加速变迁,一个人一生只从事一种工作越来越不可能,这不仅仅要求从业者具备技术性能力,还需要具备包含诸多因素在内的"整合的职业能力"。传统的职业教育主要是传授岗位技能,采取的方式通常是反复训练,目的在于使受训者获得完成某种职业所需要的娴熟技能。传统职业教育受到来自现代工作性质的变化的挑战,第一,现代工作的完成更多是依靠从业人员的智能,而不是体能;第二,由于生产的自动化和智能化,许多工作岗位被合并,大大拓宽了工作范围,这就要求从业人员具备多方面的知识、能力和素养;另外,现代工作中个性化趋势对从业人员的普通职业能力,特别是创新能力提出更高要求。

有学者指出,互联网对现代职业教育的影响,可以从职业教育的"主动适应"和"被动改造"两个方面来看,"主动适应"是指随着互联网的跨界融合,会促进商业模式、新职业技能的革新,推动调整产业发展战略以及促进产业转型升级,职业教育系统旨在为社会经济发展培养高素质应用型、技术技能型人才,必然要积极主动适应这种转变,依照"互联网+"思维,推进与社会、经济以及产业的相互融合,创新教育发展模式。另一方面,"互联网+"作为一种效率工具、创新引擎和发展范式,对传统行业的改造是大势所趋,这其中自然包括对职业教育的改造,而且与过去相比,"互联网+"的变革力

量更有深度和广度,甚至带来颠覆性或破坏性创新,这意味着职业教育不得不被动地接受"互联网化"的现状,在"互联网＋"的逻辑下不断进行创新升级[①]。对于高等职业教育而言,在"主动适应"和"被动改造"的过程中,要时刻关注现代社会职业的发展与变化,"成才"规格要随着职业岗位对学生职业素质、职业结构、职业技能等的动态需求而改变。随着经济社会需求的变化,高职教育需要摒弃过去传统工业时代那种按照"统一标准、大批生产"的生产模式,因为这种模式所培养的人才已无法满足经济社会发展的需求;应培养更多的具有创新精神、创造能力和批判性思维的高素质技术技能人才,使之能适应新工业时代"智能化、柔性化、个性化、快速响应化的生产需求"。

(二)"成人"功能的弱化

无论浸淫在多么功利的环境下,"成人"都应该是高等职业教育的内在自觉和终极追求。什么是大学?"多年前,在新英格兰,据说路边的一根圆木上,一端坐着一个学生,另一端坐着马克·霍普金斯,那便是一所大学"[②]。换而言之,"当霍普金斯与学生坐在一起交谈、讨论时,大学就发生了",这句话深刻地揭示了大学最原初的品质和联系,同样,也构成了高等职业教育"成人"追求中最本质的东西。"当许多聪明、求知欲强、富有同情心而又目光敏锐的年轻人聚在一起,即使没有人教,他们也能互相学习。他们相互交流,了解到新的思想和看法,看到新鲜事物并且掌握独到的行为判断力"[③],纽曼的观点进一步验证了"成人"的本体价值。在高职院校的校园里,一群年龄相仿、出身及生活背景迥异,来自四面八方的学生,与老师、行业企业的专家共同生活、学习、思想碰撞、相互感染,这种师生"在一起"的氛围在单个的、分散的、原子化的互联网学习中是不可想象的。

如果缺少了师生间心与心的相会、相知与相通,那么,思想的锤炼和心智的磨砺将无所依托;缺少了教育中最原初的从容、淡泊、宁静,师生该如何

---

①南旭光."互联网＋"职业教育:逻辑内涵、形成机制及发展路径 [J].职教论坛,2016(1):5-11.
②哈佛燕京学社.人文学和大学理念 [M].南京:江苏教育出版社,2007:156-157
③吴军.大学之路 [M].北京:人民邮电出版社,2015:40.

在自由和闲暇中，敞开对真、善、美的追求；缺少了"大鱼前导、小鱼尾随"[①]的亲近和执着，教育所推崇的濡染观摩之效该如何不求而至、不为而成？而缺少了上述这些，高等职业教育的"成人"功能该如何实现？高职院校的学生该如何在潜移默化中锤炼思想、提升理智，养成理解、批判和比较的思维方式与凝神静气的学习习惯，该如何在润物无声中涵育气质、情趣、灵感与想象？

甚至，有学者认为，在互联网信息技术的冲击下，传统的实体大学将会被互联网取代。来自英国开放大学的副主席马丁·比恩（Martin Bean）指出，如果说传统的高等教育是以教育服务为基础，那么高等教育的扩大不再非得要成立实体大学了。2013 年，美国学者纳森·哈登（Nathan Harden）撰文指出，网络技术不断快速发展，为适应这一形势，一些新型教育模式将会出现，传统高等教育将会受到极大的冲击，相当一部分大学会被互联网取代。网络的信息化技术也会使未来的学生有更多的选择，自由地选择他们想要学习的过程和大学，选择权把握在教育消费者手中，大学招生不再限于传统实体大学，学生在网络世界中就能选择大学。受互联网信息技术逻辑的误导，大学教育中的一些基本概念被歪解，大学是为信息服务的，书本被认为是装信息的容器，图书馆则是仓库，大学和学习者只是提供、吸收信息[②]。如果真是这样，那么，互联网的出现使教育在某种程度上变成了表面浮华的信息获取过程，"互联网＋"教育将会扭曲人类许多至关重要的属性。于此，我们认为，在"互联网＋"冲击下的高等职业教育仍需要植根于教育的"通有本质"，真正的教育不仅仅提供信息、知识和技术技能，还要从思想上影响受教育者，还要承担着"精神成人""文化成人"的终极使命。

（三）教学方式的重构

由"互联网＋"引发的教学方式的深刻变革，首先得益于互联网思维与

---

①梅贻琦先生曾经在《大学一解》中提出了著名的"从游论"——"学校犹水也，师生犹鱼也，其行动犹游泳也。大鱼前导，小鱼尾随，是从游也。从游既久，其濡染观摩之效，自不求而至，不为而成。"

②约翰·希利·布朗，保罗·杜奎德. 信息的社会层面 [M]. 北京:商务印书馆，2003:22，198.

教学思维的异质同构。互联网思维表现出多元、平等、参与、联结、跨界、协作、共享和共赢的特征。这些特征与教学存在的基本属性和教学发生的思维特征存在共通之处，如教学主体间的平等尊重与主动自觉，教与学的交流互动与相互开放，教学关系中的相互助长，同学间的平等交流与共享共进，教学诸元的相谐共生，教学资源的开发利用，教学环境的生态友好，等等。正是由于众多的异质同构及模态相似，在高职教育教学的实践中，出现了与多点联通、跨界链接、平等参与、一体共享、协作多赢相匹配的网络辅助和互联网直接面向学生的传授路径。

“互联网＋”突破了传统教学方式的框架，使交互式教学成为可能，即创造出一种信息共享、相互交流、互动合作的交互式教学环境，克服时空的限制，让学生在交互的过程中达到预期学习效果，学生能通过互联网学习知识，教师不再是教学的中心，因此学生也不像以前那样依赖教师。师生之间不再是主体与客体的关系、知识传授与接受的关系、权威与服从的关系、控制与被控制的关系、中心与边缘的关系、知情分离的关系，而是主体间平等对话、共同探究、意义共建。与之相对应，教师的作用要从教学的主导者转变为学生的助学者和导学者，教师要让学生有批判质疑的自由，对学生一视同仁，给予他们同等的知识建构，为学生提供更多的互动、表达、思考和创造的空间。

时下在高等职业教育领域实践的翻转课堂正是“互联网＋”条件下的一种教学新形态，其基本思路是将传统的“课内传授知识—课外练习内化”的教学顺序翻转过来，在课前进行自主学习，课中通过交流和评估实现面对面的深度互动学习。“翻转课堂”最突出的贡献是师生之间面对面深层次交流的时间和机会更多了，这是对传统课堂教学人与人交流时“面对面的有用性”和价值的强化。传统课堂教学存在的理由是它使师生融为一体，“对学术进行充满想象力的探索，从而在知识和追求生命的热情之间架起桥梁”，“他们（教师）创造性的思想需要通过讲演或个别讨论的形式，在与学生的直接交流中得到阐发”。①

---

① 怀特海．大学的目的 [M]．徐汝舟，译．北京：北京师范大学出版社，2018：172．

（四）个性化学习的实现

"互联网+"使得学生更加容易地接触到学习中所需要的资源，学生不再受限于传统课堂，而是基于自身实际情况，自主选择学习什么样的内容、需要什么样的教师来授课、每天学习多少内容、学习何种程度的知识等找到符合自己的最佳学习方式，并且通过网上互动交流、答疑讨论，将自己的学习体验分享给其他人，这很大程度上能促使学习者养成主体意识，具有高品质人格，凡事都能主动积极地去应对，激发批判性精神，敢于质疑和提出自己独特的讲解，促进学生敢于创新、勇于创新。

基于大数据分析的网络课程就是个性化学习的范例。以美国 Knewton 在线教育服务商为例，为帮助学生更有效率地学习，其为学生提供符合"适应性学习体系"的培养方案，通过了解评估学生过去的学习习惯，为学生提供量身定制课程的学习资源，这些课程能最大限度地适应学生的学习。大卫·芬雷步在《大数据云图》中指出，将大数据运用在教育中，最奇特的就是，它能够了解到各种各样的学生的学习、受教育方式。大数据分析真正有可能实现"以学生为中心"的教育，高效、准确地了解到每个学生的实际学习情况。

不过，基于互联网的个性化学习并不意味着要完全摒弃传统的面对面课堂教学，焦尔当在论述学习的本质时指出："别人不能替代他学习，但必须在场，因为学习者不能一个人学习"[①]。"如果没有他者的参与，学习者也是无法学习的，即使自学者也是如此。人们必须借助他者或是因为他者才能学习，有时则是为了反对他者而学习"[②]。基于互联网的个性化学习需要与传统面对面课堂教学融合在一起，哈佛大学肯尼迪政府学院的苏珊·克劳福德教授，她期望将现代互联网教学与学校传统的多学科教学结合起来，并且凸显出互联网教学的特色——在了解学生的实际情况后为学生量身定制的具有特色的课程。她认为，我们已经进入了个性化学习时代，教育的目的在于使学生有良好的行为和开阔的思维，这才是教学的真正意义所在。她期望找到一种能与

---

①焦尔当.学习的本质 [M].上海:华东师范大学出版社，2015:8.
②焦尔当.学习的本质 [M].上海:华东师范大学出版社，2015:152.

博雅教育的内涵相吻合的教育，给学生传输终身学习以及常怀有谦虚、敬畏之心的价值理念。高等职业教育的技术技能学习更是需要线上和线下相结合的混合方式，在很大程度上讲，专业师傅、实训老师的默会知识和存储于情景记忆中的经验知识是技术技能的习得与养成的关键，而这些知识是不可能通过互联网的方式来获得的。

此外，基于互联网的个性化学习必须警惕碎片化学习的局限。在"互联网+"条件下，学习者可以利用各种零碎的时间对彼此独立的知识点进行学习，学生甚至可以从任何知识点开始进行重复学习，直到学懂为止，体现出很强的灵活性、机动性和便捷性，知识的系统连贯性和人的思维习惯会受到长期的碎片化产生不良的影响。不可否认，知识点之间都是有联系的，即使是在不同的学科课程之间，如果一个学习者的学习全部是碎片化的，这必然会打破他在学习过程中的知识系统连贯性，学习者难以形成整全性的思考方式，看待事物就很可能会"不识庐山真面目，只缘身在此山中"。

第三节 "互联网+"时代高职教学改革面对的基本问题域

"互联网+"时代不期而至，互联网信息技术及互联网思维不断颠覆、重构着人们的生活、学习及工作方式，广泛影响着社会发展的各个领域、各个层面，在此背景下，高等职业教育围绕"成人"与"成才"而进行的教学改革似乎更加强化了对"技术性"的片面追求，依然没有完全跳出"职业性""实用性"和"工具性"的藩篱，在"适应性"和"超越性""单向度"和"整全性"及"同质化"和"差异性"的两维之间，没能保持恰当的张弛力，而偏至于"适应性""单向度"及"同质化"的一端，成人与成才并未能在恰当的位序和谐地汇集在一起，两者之间依然存在一定的疏离。

一、"成才"之适应与超越的冲突

高等职业教育是一种与经济活动联系最紧密的教育类型，从产生之初，高等职业教育发展就是以服务于经济发展为核心价值观,促进经济发展是其政策框架体系和实践行为体系的根本,强调关注的是效率,忽视了人本属性,没有考虑到社会发展的长远需求。高等职业教育制度通常是把有限的工具主义作为立论基础,在很大程度上认为人和环境仅仅只是为经济开发服务的人力和自然资源,"培训提高了生产率,促进了经济增长;技能铸就职业能力,利于获得工作。"①由此可以引发思考,适应性是否就是高等职业教育的本性,发展高职教育的初衷难道就是为了适应,培养能够顺应社会发展潮流,满足社会需求的人才,高职教育的培养目标和方案要根据"适应"这一原则去设计?

　　高等职业教育的适应性发展总是与制约论、决定论勾连在一起,受社会制约、受政治制约、受经济制约,被社会决定、被政治决定、被经济决定。有研究者提出,"在现代职业教育体系的构建中,职业教育既受到自身内部因素的影响,也受到社会环境外部因素的影响,而对于教育问题的观察与思考,往往教育外部的因素比教育内部的因素更为重要"。②教育外部的因素有社会、政治、经济、文化、方针、政策、法规……这些因素比受教育者的兴趣、个性、气质、潜能更重要? 我国高职教育扩大规模的初衷就是为了解决消费、升学、产业结构等方面出现的问题,换而言之,高职教育是为适应经济发展而发展的,高职教育的发展旨在为经济的发展服务,似乎经济发展了,人的发展就能自然而然地实现,果真如此吗? "在现代职业教育体系的构建过程中,职业教育的未来发展目标要与我国经济发展和产业结构调整的目标相协调。职业教育的目标是培养符合社会需要的人才,高等职业教育应该及时地根据社会发展的需要来制定培养方案,与经济发展以及产业升级的要求相符,培养高层次技术型人才"。③由此可见,职业教育很难避免经济、产业、技术等因素的束缚。

　　①胡茂波,普艳秋,史静寰.全球语境下职业教育发展核心价值观的反思与深化[J].现代教育管理.2014(9):83.

　　②杨成明,张棉好.职业教育发展的社会决定论[J].教育与职业,2014(29):8.

　　③杨成明,张棉好.职业教育发展的社会决定论[J].教育与职业,2014(29):8.

近些年来，我国同时存在大学生"就业难"和企业"用工荒"的现象，针对这种情况，有学者提出主要原因是高校培养的毕业生规格与社会所需要的人才存在较大差距，高校没有根据社会的需要培养人才，也没有进行高等教育结构的调整，自然培养出来的人才不被社会需要。这种指责之声对于高等职业教育尤甚，"订单培养""无缝对接"等术语不绝于耳，似乎高等职业教育天然地具有适应的功能，所直接适应者乃职业之所需，就业之所需，生计之所需。可是，高等职业教育的功能是多层面的，除了服务经济社会发展之外，更要面向学生的全面发展，充分开发每个学生的潜在才能，促使每个学生养成良好的精神生活习惯。而且，接受高等职业教育的个体天生就是适应的吗？学生接受高等职业教育除了谋求职业（能够得到与学习所达到的水平相应的地位和收入）之外，应该还有渴望学习的动机吧？虽说渴望学习的动机远比不上谋求职业的渴望，它通常也被认为是微不足道的，然而，"好奇心，即要求理解、认识和发现的欲望，仍然是人类本性中最大的驱策力之一"。[1]亚里士多德在《形而上学》开篇的第一句"求知是人类的本性"[2]，也印证了这个富有生命气息的观点。如果这种好奇心和求知欲能够在高等职业教育中得到鼓励的话，它肯定是最强烈的一种动机，驱使学生在追求完满的人生之路上不断认识自己、跟随自己、实现自己和超越自己。

站在客观中立的立场，高等职业教育的教学改革与发展实在不能只偏重于适应性的一端，应该给予超越性足够的空间；高等职业教育实在不能仅仅以政治的逻辑、经济的逻辑、市场的逻辑、技术的逻辑来治理学校，指导教学改革，不能忽视甚至丢掉教育的逻辑、生命的逻辑、成长的逻辑；高等职业教育的最终目的就是为了促进学生的发展，因此高等职业教育应该将学生的发展作为教学改革与发展的出发点，就像康德所说的那样，自己和他人不能仅仅是工具，自己本来就是一种目的，人不同于物，在所有的活动中，人都应该以自己为目的。

---

①联合国教科文组织国际教育发展委员会.学会生存——教育世界的今天和明天[M].北京：教育科学出版社，1996:10.

②〔古希腊〕亚里士多德.形而上学[M].北京：北京出版社，2008:1.

二、"成人"之碎片与整全的冲突

高等职业教育作为高等教育的一种类型,技术技能型的人才培养目标是其类型特色(或者说特有本质)的表现,但是,高职教育在倾力发展其特色的时候,似乎忘却了对教育终极使命的反思。无论是学术型的人才,还是技术技能型的人才,在任何意义上,首先必须是一个人,是一个有血有肉、有情有义、有责任心、敢于担当的道德主体。然而,学校精神缺失、人文教育教学重视不够、专业教学改革不到位等问题在高等职业教育中仍然表现得比较突出,学生的单向度发展、工具性发展和碎片化发展依然是当下中国高等职业教育实践中不能承受之重。

在中国,自从现代职业教育在 20 世纪初产生以来,它似乎从来没有履行过维护个体多样化和完整性需求的职责。在过去近一百年的时间里,职业教育受到诸如实用主义、社会主义、重建主义甚至行为主义等思潮的影响,关注点在国家的改革、利益的追求和经济的发展上,而很少从人的整全性发展视角去关照个体的需求。虽然自 20 世纪 90 年代末以来,这种情况在职业教育的实践中得到了极大改善。但是,"发展"不仅包括经济社会的发展,也包括人的全面发展,其内涵十分丰富,但人的发展却总是隐藏在经济发展之中。促进就业依然是职业教育的办学方向,党和政府依然将职业教育作为促进社会经济发展的重要手段,在这种相对单一的培养目标的指引下,职业教育培养技术技能型人才的同时,要求学生个体全面性的发展意蕴仍显不足。

高等职业教育从开始就是以单一世俗价值(功利性价值)的约束为主旨。高职教育的功利性价值在于,通过教育可以让受教育者获得更好的就业、更高的报酬,反映在培养目标和学生的发展方向上,我国的高等职业教育明确规定要以就业为导向,培养高技术技能型应用人才,突出的是"导向性发展和职业性发展",更多是进行动手和技能方面的教育活动,实质上是一种单向度的教育。2004 年,教育部发布的《关于以就业为导向深化高等职业教育改革的若干意见》进一步强化了这种单向度的教育,高职教育的办学理念、学制课程、人才培养模式等方面将就业提升到前所未有的"地位"。在高职教育改革发展政策中,"以就业为导向"的思想和观念不断被强化,可想而知,"以就业为导向"这种思想在开展本科层次的高职教育时,也将会成为主导的办学理念，虽然说"以就业为导向"在促进高职院校学生就业以及增强学生就业能力方面取得了不错的效果，但在很大程度上导致了高职教育的利益相关者，例如政府、学校等，不能很好地理解高职教育的本质，高职教育的完整性和基础性遭到破坏，结果可以预料，高职教育的"教育性"开始被人们误解为单纯的"职业性"，两者之间失去了应有的平衡，甚至完全对立起来。坚持立德树人的高职教育出现了衰退为碎片化、单一性技能教育的危机，教育活动的价值与意义被大大简化为职业技能培训。正是由于"以就业为导向"的误导，学校和社会赋予高职教育的意义与价值越来越低，这导致的直接后果就是学校教育离培养"具有健全的人格、丰富的个性、健康的心理、积极的人生态度、高尚的生活情趣的人"越来越远。

无论从何种意义来考量，高职教育应该还有比功利性价值更高的非功利性价值，即完善自我、充实人生。这一点在类似于我国高职院校的美国社区学院身上体现得比较充分，2013下半年，笔者在美国费里斯州立大学访学期间，该校负责访学事宜的 Bob 博士有一个专题讲座"U.S. COMMUNITY COLLEGES—America's Best Kept Secret"，Bob 博士讲座的副标题里有一个词值得关注—"Secret"。"Secret"意味着美国社区学院很多鲜为人知的秘密，事实上，这些所谓的秘密正是美国社区学院的特色之处和魅力之处，同时，正是这些秘密的存在才区别于我们国家的高等职业教育，而这些秘密正是体现在社区学院的非功利性价值上。与我国高职教育的"导向性发展和职业性发展"不同的是，美国的社区学院强调的是"整全性发展和生活性发展"，更多是进行综合性的教育活动，整全性发展和生活性发展意味着美国社区学院的教育目标和学生的发展方向并不仅仅是为了工作的准备和职业的需要，其还有别的方面的诉求。事实上，很多美国人在社区学院接受教育并不是为了谋求职业，而是为了一种生活追求和提高个人的生活品质，即所谓的整全性发展和生活性发展。

笔者 2013 年访学期间还实地参观了一所社区学院——Muskegon Community College（MCC），这所社区学院离费里斯州立大学仅一个小时的车程，规模也不大，各种类型的学生大概 5000 人。对于我们的来访，MCC 安排了丰富的活动，内容包括一场电影、团队互动、友情午餐、自选课堂（我选择了"文化人类学""机械工程技术""中文天地"三堂课），除了团队互动和友情午餐是特意安排之外,其他的都是学生的日常安排。一天的参观访问,加深了我对美国社区学院的认识,强化了我对其做出的"综合性、生活性发展"的基本判断,以下两大点可以作为比较充分的证据。

1.Community College Mission (社区学院的使命)

The community college's mission is the fountain from which all of its activities flow. In simplest terms,the mission of the community college is to provide education for individuals,many of whom are adults,in its service region.

Commitments to:

① Serve all segments of society through an open-access admissions policy that offers equal and fair treatment to all students

② A comprehensive educational program

③ Serve its community as a community-based institution of higher education

④ Teaching

⑤ Lifelong learning

2.You can go anywhere from here(MCC)（从这,你能够自由发展）

① Transfer degrees

If you plan to pursue an advanced degree,MCC's outstanding and accredited liberal arts education provides a solid foundation for success as you work on your Bachelor's Degree and beyond.

② Career degrees

MCC offers a variety of Associate in Applied Science degrees that prepare you for the jobs of tomorrow in emerging fields such as alternative/renewable energy,video game design,and business. Earn your degree in two years and start your new career.

③ Certificates

In a year or less,you can gain or update your working skills in a whole new area. Pick your path at MCC.

We'll make sure you get to where you want to go.

美国社区学院的五大使命以及具体到各个学院的多种目标,都与我国的高职教育有比较大的区别,美国社区学院的今天及其发展是否会是我国高职教育的明天,时间与历史会给出检验与答案。

　　"个体生计固然重要,但这对生活而言却是微不足道的",高职教育的任务不仅在于帮助学生谋求生计,更是要满足学习者在智力、技能等方面的需求,从而极大地促进个体发展和潜力开发。中国石油大学李军教授指出：高等职业教育要"超越被动的工具化存在状态","追寻和彰显人存在的无限可能的价值和意义"①。以"现实的个人""有生命的个人"为前提和出发点来关注人,实现"人性的提升"和"人性的完满"应是高等职业教育的通有本质和终极追求。

三、"成人"之同质与差异的冲突

　　高等职业教育的同质化发展主要体现在院校和个人两个层面。从院校层面来讲,作为后发型国家,中国的高职教育走的是政府主导、由上至下的发展道路,是一种在外来推动下追赶先进的发展方式,这与早发内生型教育现代化,走由下及上,通过漫长的自然演化使教育在经济、政治和社会发展的冲突下达到自然磨合的发展道路有着本质区别。因遵循了新中国成立以来的运动式发展思维,中国高职教育的发展进程自上而下强力推进,体现在大规划、大目标、大动员,特别重视快速、可见的当前短期成果,而有意无意地忽视了长期、扎实的综合性内涵与质量的发展。从 1985 年《中共中央关于教育体制改革的决定》首次提出"大力发展职业技术教育",到 1991 年、2002 年、2005年国务院先后印发的三个职业教育决定所确定的"大力发展"工作方针,再到 2014 年全国职业教育工作会议召开前国务院印发的《关于加快发展现代职业教育的决定》,都体现了"大规划、大目标、大动员"。这种主要依靠外部规约,由政府行政主导、自上而下地进行,通过质量评估、项目建设等方式来推进的职业教育改革与发展方式,缺乏院校本身的自主性和创新性。在高职教育的改革实践中,改革与发展中的探索和争鸣几乎都以国务院和教育部的

---

　　①李军.追寻人的价值：当代中国职业教育的哲学反思[J].河北大学成人教育学院学报,2009(4)：68-70.

文件为定论，以 2006 年和 2010 年的"国家示范性高职院校建设"项目、"国家示范性骨干高职院校建设"项目为例，众多高职院校基本上是在教育部规定的大框架里进行项目申报和建设的，明显加重了在专业设置、教学理念、教学方法、人才培养、就业等方面的同质化倾向，院校办学特色衰微，以至于随着 100 所国家示范性高职院校通过验收之后，没有了国家的"大规划、大目标、大动员"，大家对高职教育的未来发展之路感到迷茫和困惑。

就学生个人层面而言，21 世纪以来职业教育的培养目标主要有四个，一是培养一大批生产、服务第一线的高素质劳动者和实用人才；二是培养数以亿计的高素质劳动者和数以千万计的高技能人才；三是培养高素质劳动者和技能型人才；四是培养数以亿计的高素质劳动者和技术技能人才。第四种表述更体现了对职业教育人才培养目标认识的深化和创新，它可以说是对过去职业教育培养目标表述的总结的概括，那么，对于高职教育来说就应该是对较高层次技术技能人才类型的培养。

如何认识这种较高层次技术技能人才培养目标？总的来说，高职教育既要加大培养我国当前需要的并且在数量上远达不到要求的高级技能型人才，尤其要重视培养目标的主体，即注重培养与时代接轨的、顺应全球化趋势、具有国际化特征的技术型人才，在培养人才上，要依据科学技术，加大技术工人培养的广度和深度，培养具有创新能力的技能型人才；即使是在技术工人岗位上工作，也是以理论技术和智力技能为主的技术应用型人才，不再是以经验技术和动作技能为主的机械操作者；即使仍然可以获得代表"高技能"的高级技工、技师等称号，它也与传统的"高技能"人才相区分，从根本上来说，它已经顺应了互联网信息时代的步伐，成为与之相适应的新技术型人才。

那么，如何培养这种较高层次的技术技能人才？在高职教育已有的实践中，我们听得较多的词——模式，人才培养模式、教学模式、课程模式、德育模式，等等。大家在那里忙着研究模式、制作模式、实践模式、交流模式、推广模式。模式长什么样子，模式意味着什么？模式意味着同质性、划一性，模式提供共性、相似性吗？从个性中探求共性是值得的，从众多优秀的和不太优秀的高职院校探求某些相似性是值得的。"但提供共性，提供相似性，是提供具有某种普遍意义的原理。提供原理，充其量是让别人'照着去想'，而提供模式是让别人'照着去做'。前者是提供思想，后者则只是提供方式，或者说，后者只是为没有多少思想的人提供某种装在模式里的思想。"①

较高层次的技术技能型创新人才能够在某一种模式中培养出来吗？高职院校人才培养规格实现从"照着别人去做"到"接着别人去做"再到"自己创造着做"的转变主要是凭靠某一种特定的模式吗？每一个学生灵魂深处的极致独特性和不可替代性是模式能够张扬的吗？任何类型的教育培养对象都需要的好奇、宽容和正直等品质是某一种模式能够达成的吗？模式还似乎特别具有抑制个性、忽视相异性的特点，萨义德在《知识分子论》演讲录中有一段耐人寻味的话"有些人对事物具有非比寻常的敏感，对于宇宙的本质，对于他们社会的规范具有非凡的反省力，在每个社会中都有少数人比周遭寻常伙伴更探寻、更企求不限于日常生活当下的具体情境，希望接触到更广泛、在时空上更具久远意义的象征②"。我们能保证高职院校那些具有非比寻常的敏感性、非凡的反省力和更探寻的学生不会在模式的束缚和制约下泯为众人吗？

张楚廷教授在其著作中指出："只按某种模式生活的人，只有技能的人，是比较没有知识和没有活力的人"③，高等职业教育在教学改革与发展中未必不可以提供多种的模式，但任何模式都不可能代表高等职业教育的本性，即使这种本性中包含了较多职业性，甚至训练性的因素。生命过程"绝不仅仅是个结构上固定过程的综合"④，"将有生命体装进我们的这个和那个模式全遭失败，所有的模式全部崩溃了"⑤。高等职业教育的教学改革与发展应慎重对待模式问题了。

①张楚廷.高等教育哲学[M].长沙:湖南教育出版社,2004:56.
②萨义德.知识分子论[M].单德兴,译.上海:三联书店,2007:35.
③张楚廷.高等教育哲学[M].长沙:湖南教育出版社,2004:55.
④路德维希·冯·贝塔朗菲.生命问题——现代生物学评价[M].北京:商务印书馆,1999:20.
⑤亨利·柏格森.创造进化论[M].北京:华夏出版社,1999:2.

第三章　成人与成才的博弈："互联网+"时代高职教学改革的实践探索——以长沙民政职业技术学院为例

长沙民政职业技术学院创办于 1984 年,其前身是民政部长沙民政学校,1999 年升格为高等职业技术学院，2009 年成为全国首批 28 所国家示范性高等职业院校之一，2015 年成功立项为湖南省首批卓越高等职业技术学院建设单位。

学校创办以来,始终涵育"爱心助人"与"公义务实"的民政气质,推崇"明德博雅"和"行言至善"的教师风范,倡导"修心灵""养气质""学知识"和"习方法"的优良学风,形成了隽永清新的校园文化和朴素雅致的精神风貌,在孜孜不倦追求卓越的征程中书写了平凡而又厚实的篇章。

学校"立足民政、面向社会、适应市场、开放办学",秉承"爱众亲仁、博学笃行"的校训,以"一流高职院校"和"一流专业群"的"双一流"为目标,在产教融合、人才培养、社会服务、教育教学研究、技术创新等方面发挥示范作用,努力为民政行业和区域现代服务业培养高素质技术技能型人才。

概括起来,自 1999 年经国家教育部批准升格为高等职业技术学院以后,长沙民政职业技术学院经历了三个具有里程碑意义的发展阶段,一是 2006—2009 年,基于全国首批 28 所示范性高职院校的发展阶段；二是 2010—2015

年,基于后示范性高职院校的发展阶段;2016 年,学院又开启了第三个具有里程碑意义的发展阶段（2016—2020 年）,即基于湖南省卓越高等职业技术学院的发展阶段。从 2019 年开始,学院被教育部、财政部立项为中国特色高水平高职学院校建设单位。这几个阶段围绕着对成人与成才这对目标范畴的不同理解,呈现（即将呈现）了不同内涵和外延的教学改革图景,或者可以说,每个发展阶段的教学改革都试图在基于"技术技能"的"成才"与基于"综合素养"的"成人"这对关系上寻找到动态的平衡点,以便使成人与成才在整个高等职业教育生态中处在适当的位置,有机地融合在一起。

而且,无论是基于"技术技能"的"成才",还是基于"综合素养"的"成人",长沙民政职业技术学院这几个阶段的教学改革始终与互联网信息技术紧密地联系在一起。尽管"互联网＋"这个概念在我国是 2012 年提出的,直到 2015 年才正式被纳入国家顶层设计,但是,长沙民政职业技术学院从 2006 年开始,就已经把互联网信息技术融入了教育教学改革之中,甚至在 2010 年还提出了以"信息化"作为推动学院开放发展和特色发展的主要突破口,因此,可以这么认为,至少从 2006 年开始,长沙民政职业技术学院所进行的教学改革就具有了"互联网＋"的意蕴与实质。

第一节 "成才"取向：基于"技术技能"培养的教学改革

一、工学结合："成才"取向教学改革的主线

无论在哪个发展阶段,长沙民政职业技术学院都始终把推行工学结合作为教学改革的主线,而工学结合的落脚点主要在于学生"技术技能"的培养。

以国家示范校建设阶段为例,学院主要通过工学结合人才培养制度的构建、学分制的实施、项目制的实施、开放性资源管理平台的搭建以及文化管理的推行五个方面进行技术技能的培养。

（一）构建工学结合的人才培养制度

基于学生专业知识、职业素质和专业能力三者和谐一致的要求，融合普通高等教育学科体系和职业技术培训体系的优点，按照工作岗位的具体任务解构工作过程，遵循高职学生的认知规律重构学习过程，构建凸显职业性、实用性和教育性的具有高职教育类型特色的课程体系，应用于工学结合的人才培养过程中。

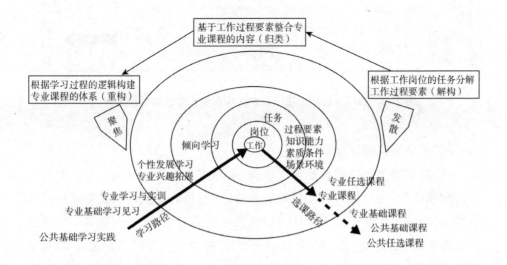

图3-1　长沙民政职业技术学院高职类型特色课程体系构建模式示意图

同时开发企业订单课程模块、建立职业证书课程模块，将校内实训项目化，提升教学的职业性和实用性，将校外顶岗实习与毕业实习合而为一、统一安排，形成从专业基础课教学到毕业顶岗实习全过程的"在工作中学习"和"在学习中工作"的工学结合人才培养制度。

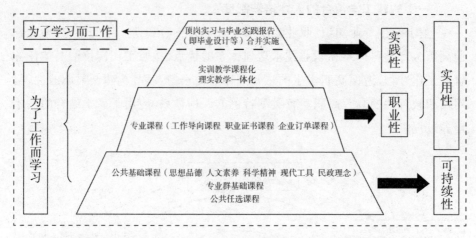

图 3-2　长沙民政职业技术学院工学结合人才培养制度示意图

（二）全面实施学分制

全面实施学分制的重点在于选课，选课主要是为了增强学生学习的主动性和积极性，为了促进教学资源的整合、课程内容的优化以及专业结构的调整，使之成为工学结合人才培养模式改革的内驱力。选课制实现了让学生在顶岗实习中选企业、在学分互认中选学校、在大一入学时选专业、在常规学习中选课程、选教师、选时间、选地点。

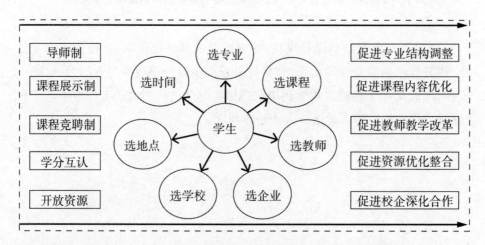

图 3-3　长沙民政职业技术学院学分制的选课内涵示意图

（三）探索实施项目制

学校紧紧围绕改革与发展，制定年度教学工作目标管理实施办法，将教学改革与发展工作项目化，项目建设成效作为教师评优、考核和奖励的重要依据。项目制的实施极大地激发了教师参与学校教学改革与发展的积极性和创造性，教师成为工学结合人才培养模式改革的生力军。同时，教师在项目建设过程中，提升了自我、成就了自我、超越了自我，实现了个人成长和学校发展的和谐统一。

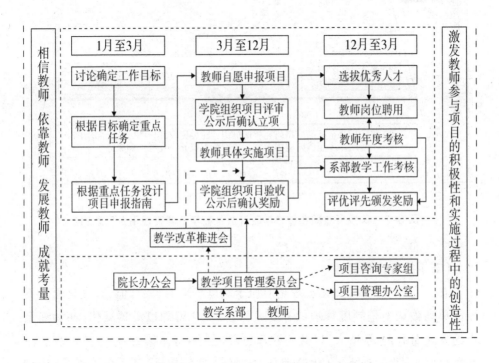

图3-4 长沙民政职业技术学院项目制教学管理运行模式示意图

（四）搭建开放性资源管理平台

学校通过搭建开放性资源管理平台，使企业真正融入工学结合人才培养模式改革的过程。其一，制定适于企业兼职教师参与的相关教学管理制度，开设小课程、试行串行教学，灵活解决企业兼职教师上课时间安排和企业接受学生顶岗实习时间安排等问题；其二，出台优惠政策和措施，主动创造与企业进行合作的机会，为企业生产项目进入校内实训室、工作室采取提供场地、不收费用,吸引企业与学校共建实习基地和生产车间,对共建实训基地提供技术服务的企业提供回报。

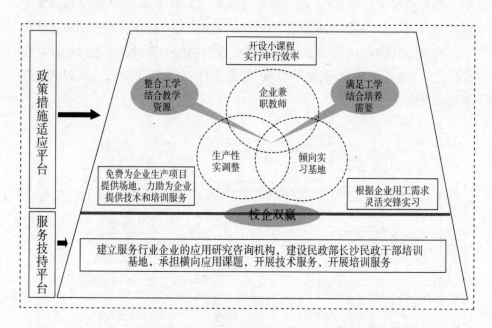

图 3-5　长沙民政职业技术学院开放性教学资源管理平台示意图

（五）推行文化管理

在一定程度上讲,文化管理是对应于制度管理而言的。但是,文化管理不能简单地被认为是制度管理的补充或修正。文化管理以潜移默化、润物细无声的方式陶冶人、塑造人,以共同的理想、信念、目标感染人、激励人。因此,在某种意义上,我们认为,文化管理是对制度管理的超越,是达到“无为而治”最有效的路径。

践行文化管理理念的首要的条件是要在共同体内形成先进、优秀的文化,而文化的形成需要时间和氛围的积淀。学校在全体师生员工的共同努力下,经过二十几年的积累与沉淀,形成了生机勃勃、积极向上、团结和谐的氛围,创造了“爱众亲仁、博学笃行”的独特文化。

学校将大调查、大学习、大讨论、大培训、大比赛、大考核、大交流全员化、制度化,以“爱众亲仁、博学笃行”的文化理念打造开放、创新的学习型教学组织,在卓越寻梦的过程中,学校成为工学结合人才培养模式改革的自觉推动者。

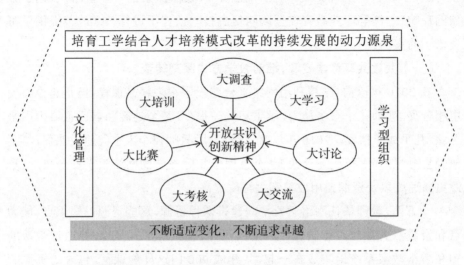

图3-6 长沙民政职业技术学院建设学习型教学组织的文化管理模式示意图

在国家示范校教学改革过程中,学校通过全方位推进工学结合的人才培养模式改革,促进了教师思想观念大转变,教师们充分意识到只有通过工学结合才能培养高素质技术技能人才,开始自觉地利用假期深入企业生产第一线顶岗实践,实践教学能力大大提升。

以工学结合为主线的教学改革凝聚了学校开放办学的共识,一切有利于培养高素质技术技能人才的方法、模式都可以学习和借鉴,一切有利于高素质技术技能人才培养的资源都可以吸纳和应用。

二、"互联网+"的介入：基于"技术技能"培养的教学改革路径创新

无论在哪个发展阶段,长沙民政职业技术学院始终将互联网信息技术融入教学改革的探索之中,并作为教学改革的动力,而互联网信息技术融入教学改革的落脚点同样是侧重于学生"技术技能"的培养。

以《长沙民政职业技术学院三年发展规划（2010—2012）》为例,学校在执行三年发展规划的过程中,充分利用互联网信息技术给高等职业教育

带来的影响，依托“世界大学城”网络学习空间进行了一系列的开拓创新。2010 年 9 月，学校在全国率先将网络学习空间融入人才培养全过程，促进了教育、教学和管理的深刻变革，为学生成长、成才探索了一条新路，引起了强烈的反响，为高等职业教育在互联网信息技术条件下进行教学改革提供了可资借鉴的案例。

（一）共建共享教学资源，推动教学方式深刻转变

在 2010 年以前，学校利用网络平台建设了很多精品课程，但是建设与使用相分离，教师花了很多精力，学生却关注很少，甚至连教师自己也很少用来上课，几乎成了摆设。2010 年以来，学校鼓励教师在个人空间建设课程，与其他师生分享，局面得到完全改变，全校用于实际教学的网络教学资源数量、资源更新速度以及资源使用效率都大幅度提高。

一方面，教师依托网络学习空间建设课程资源，这些资源以知识点、能力点和素质点为颗粒进行制作，以 PPT、图片、视频等形式呈现，并通过微课地图和表格教案系统地集成在一起，共建成 900 门这样的课程，包含的资源有 30 万个，并全部在线开放。同时，行业企业兼职教师把个人空间建成大师工作室，发表传播企业文化和专业知识、技术、技能的文章、PPT、图片和视频，等等。这样的资源内容实用、随时能用，可上课用，也可平时用，受到老师和学生的喜爱，被广泛用于实际上课和学生在线学习，甚至连校外的老师、学生及社会学习者也都来分享，电子信息工程学院黄有全教授的“单片机系统分析与测试”等课程资源浏览量超过 20 万次。

另一方面，学生也成为学习资源建设的力量，他们在个人空间除了提交作业之外，还用空间聚集个性化学习的资源，用空间书写个人成长的篇章，用空间传递同学之间的友谊，用空间寄托自己的情感理想。学生在空间上传的文章、图片、视频超过 250 万个，浏览量超过 8000 万次。2011 年入学的唐清清同学在空间日志里记录了学习“信息收集分析技术”（ISAS）的历程，她感叹通过 ISAS 学习提高了总结能力和团队意识。2012 年入学的万益鹏同学在空间积累文章 1521 篇、图片 226 张、视频 53 个，不仅记录了自己的学习成长经历，还有很多如何建空间、用空间的文章视频，深受同学们的青睐，浏览量超过 20 万次。

师生共建共享教学资源，促进了教学方式的转变，以学生为中心、线上线下结合、课内课外相通的混合教学方式在全校得到普及，每位老师又根据教学实际探索了这种混合教学方式的具体实现形式，如信息收集分析技术（ISAS）、基于问题的学习（PBL）、预约制、问答式，等等，学校有四位教师就是分别采用 ISAS、PBL 等教学方法，于 2012、2013、2014、2015 年分别在全国职业院校信息化教学设计比赛中荣获一等奖。

（二）突破时空互联互通，引导学生健康成长

在应用"世界大学城"网络学习空间之前，学校也非常重视师生之间的交流，教师除了正常的下班辅导之外，学校每月还专门安排了师生见面日，但师生面对面的交流和个性化的辅导总是受到时间和空间的制约。2010 年以来，学校把网络学习空间作为联系师生的新纽带，师生在任何地方、任何时间都可以依托网络学习空间进行互访，通过留言提问及答疑回复、群组话题及讨论回复等形式开展多样化的互动，进行及时的联系、平等的交流。

每位教师以讲授的课程或联系的班级、寝室为单位建立学生空间联系表，联系表成为进入学生空间的直通车，教师随时随地通过超链接点击，就能进入学生空间批阅作业，关注学生的兴趣和爱好，疏导学生的思想和情绪，指导学生个性发展，既当学生的课程导师，又当学生的人生导师。刚推行空间教学的时候，有位快退休的老师王泽淮，在 10 天时间里进入学生空间批阅作业达 300 多次，现在退休了依然每天进空间和学生交流，关心学生成长，学生都亲切地称他"王伯伯"。

同时，师生以班级、课程和学习小组为单位建立空间群组，在群组里，师生可以发起话题讨论，各种不同观点的对话与碰撞，不仅为学生解了惑，教师们也深受启发，实现了教学相长。例如，学校赴美国费里斯州立大学等地访学教师有 100 人，加入他们访学空间群组的师生却超过了 2000 人次，他们通过群组阅览访学教师的话题，开展讨论，回帖超过 1 万次，就像自己也到了外面访学一样。

师生之间超越时空的互动，无形之中提升了教师的责任心，"用心对待每一个学生、用心上好每一堂课"，已经成为学校教师的座右铭。春风化雨，润物无声，学生在濡染观摩和潜移默化之中不断成长。六年来，学生获得省级以上技能竞赛和教学竞赛一等奖 500 余项，其中国家级一等奖 16 项。学生参加湖南省 2014 年专业技能抽查的五个专业，平均合格率为 96%，其中三个专业

合格率达到 100%。

（三）教学管理开放透明，促进校园和谐有序

教师是一个良心职业，做多做少很难衡量，要凭良心；细心粗心不易分辨，要凭良心，有什么方式能让大家不再需要只靠拍胸脯来保证敬业或公正？网络学习空间给学校带来了契机。2010 年以来，学校充分挖掘网络学习空间的功能，改变传统的监管方式，创新了开放透明的教学管理机制，化解了如何实现扁平化与公平性等管理难题。一是建立空间反馈机制，学生在生活和学习中遇到的所有问题，通过空间留言、私信都能便捷地向教师、领导、校长反映，并得到及时解决和回复，全校教师、领导共回复学生留言和私信已经超过 100 万次。以校长为例，校长空间已有 17909 个好友，好友们可以随时在校长空间里留言、发布评论，共留下了 10228 条留言和 1000 多封私信，对这些留言和私信，校长把它们当作是"校长信箱"的来信进行逐一回复，这个空间信箱成为充分表达师生诉求的个性化载体，为校长治校提供了最快速度的渠道，有利于情况的了解和问题的解决。二是建立空间评审机制，全校每年都有近千次各种教学评比和学术评审，过去是通过打印的材料，关起门来评审、评比，很多教师会担心评审的公正性，每年都有一些教师投诉。现在，我们都通过空间在线进行，参加评比的教师把自己的项目申请、过程日志、成果总结等发表在个人空间里，评委们可以通过教师在空间创建的教学科研项目和教学科研成果展示导航来审阅资料，由于这些资料能让所有关注的师生看得到，就大大减少了各种人为因素的干扰，保证了评审评比的学术公平。

2012 年，学校部分教师在美国费里斯州立大学访学，他们向美国教授们分享了学校利用网络学习空间进行教学的情况，美国教授赞叹他们是正在做一件可能别人还没有做过的事情。学校希望通过网络学习空间的创新实践，让每一个来自普通家庭的孩子们都能够享受更好的教学资源、接受更好的职业教育，能够快乐地学习、健康地成长。

三、矫枉过正：知识教育中"有用"与"无用"的冲突

前文已述，培养高素质技术技能人才凸显高等职业教育的特有本质和功利价值取向，是高职教育改革发展的理性自觉。长沙民政职业技术学院在发展的各个阶段都自觉回应了高等职业教育这个特有本质，但是，不管是有意

或无意,在如何对待这个特有本质上还是出现过矫枉过正的偏差,在某些时段甚至表现为"技术技能至上"和"唯技术技能有用"的极端论调。

在2010年上学期临近结束的时候,根据部分专业(含艺术设计专业)的大一学生反馈的有关"有用的专业课太少,无用的公共必修课太多"的意见,学院组织了一次主题为"公共必修课程'大学人文基础'①是否有用"的讨论。参加讨论的人员有学校分管教学的副校长、二级学院的院长、大学人文教学部的全体专兼老师以及部分大一学生代表,笔者作为大学人文基础的兼课老师参与了讨论。讨论的细节记得不太清楚了,但气氛挺紧张,若不是几个学生代表都异口同声地表达了"大学人文基础"课程在做人、做事等方面还是有一些用处的观点,笔者估计"大学人文基础"这门课程十有八九会被砍掉。不过,学校领导在总结时要求大学人文教学部对课程进行改革,使其更具职业性、实用性和针对性。

下面我们可以通过对"大学人文基础"课程教材的几个版本及内容进行分析,来看看这门课程的改革是如何更具职业性、实用性和针对性的。

2007年出版的教材名称是《大学人文基础》,与课程名称一致,这套教材由上下两册组成,上册是知识积累卷,主要包括中外文学、中外历史、中外哲学和宗教、中国民俗礼仪和艺术欣赏等内容,旨在通过人文基础知识的学习,使学生了解和学习中外优秀的文化知识,培养高尚的道德情操,树立正确的人生观、价值观;培养学生"爱众亲仁"的道德精神和"博学笃行"的专业品质,先做人,后做事;通过学习,使学生接受爱国主义的熏陶和教育,增强民族自信心和自豪感;通过学习,把知识内化为人文精神,为学好其他课程、为社会实际工作需要奠定坚实的基础,实现高职学生可持续发展的培养目标。下册是实用表达卷,主要包括普通话与普通话水平测试、口语交际、求职应聘、实用演讲、实用辩论、实用谈判、实用写作基础知识、实用事务文书写作、实用传播文书、实用经贸文书、实用法律文书、实用学术论文写作、实用工

---

① 2008年,长沙民政职业技术学院《大学人文基础》课程,被教育部评为国家精品课程,2013年又被教育部批准立项建设国家级精品资源共享课,并于2016年7月通过教育部的认定。

具书信息检索与利用等内容，旨在使学生能够较规范地运用汉语语言文字，具有较好的口头表达能力和书面表达能力，从而更好地适应社会实际工作需要，培养具有较高文化素质和专业素质的应用型人才。

2010年出版的教材名称是《职业人文基础》，用"职业"一词取代了"大学"一词，凸显人文教育的职业性和职业教育的人文性。这套教材统一由两册组成。人文修养分册，旨在通过文学的熏陶、历史的感悟、哲学的智慧、艺术的魅力、生活的味道、职业的美德等人文基础知识的学习，使学生了解和学习优秀的文化知识，培养高尚的道德情操，树立正确的人生观、价值观；培养学生"爱众亲仁"的道德精神和"博学笃行"的专业品质，先做人，后做事；通过学习，增强民族自信心和自豪感；通过学习，把知识内化为人文精神，为学好其他课程、为职业工作需要提供帮助。通用能力分册，旨在通过相对系统的学习和训练培养高职学生的口语表达能力、交际沟通能力、实用写作能力、创新与可持续发展等职业通用能力，从而为培养面向生产、建设、服务和管理等一线需要的高素质技术技能型人才奠定基础。

2014年，学校人文教学部对2010年版《职业人文基础》进行了修订。修订体现了三个特点，一是坚持立足职业需求，突出高职特色的原则，针对高职教育的培养目标，兼顾人文教育的特点设计教材体例，组织教材内容，体现职业针对性；二是沿着淡化学科体系，注重素养养成的路径，以"做人"教育为切入点，围绕"做人"和"做职业人"选取教学内容，为高职人文教育提供可资借鉴的新模式；三是强调知行合一，注重持续发展的方法，重视学生人文知识教育与人文实践活动的有机融合，重视职业通用能力的培养。修订的人文修养分册基本保持原有体例不变，而通用能力分册的口语表达部分做了较大幅度的修订，以期更加突出职业针对性和实用性。另外，对两册教材的"问题探究"部分做了重新设计，充分利用现代信息化教育平台爱课程网站的国家精品资源课程，结合教材内容，紧密联系高职学生实际，设计了具有时代特色的思考练习，为"大学人文基础"课程探索MOOC和翻转式教学提供参考。

在很大程度上，长沙民政职业技术学院的"大学人文基础"课程改革确实是一步一步走向职业性、实用性和针对性，但是，高等职业院校的人文教育一定要具备职业性、实用性和针对性吗？恩格斯在悼念马克思时说：

"任何一门理论科学中的每个新发现——它的实际应用也许还根本无法预见——都使马克思感到衷心喜悦"①。马克思曾经自我表白，"就像普罗米修斯从天上盗来天火之后开始在地上盖屋安家那样，哲学把握了整个世界以后就起来反对现象世界"②。马克思正是从"远离现实"的古典哲学和古典文化中充分汲取了人类进步的"原动力"，走向社会之后才能写出向时代挑战、改变历史进程、极富社会现实意义的《共产党宣言》。人文教育如果一味强调职业性、实用性和针对性，就必然会背离其变化气质、锤炼思维和养成德性的基本意旨，效果肯定会适得其反，因为在本质上它是一门"无用之大用"之学。其"无用"，即无急功近利之用，其"大用"，即从根本上、整体上提升人之为人的基本质素，为一个民族传承精神和文化薪火。

美国学者博兰霓提出过下述观点，"凡具有原创型的专业人士，其知识分成直接知识（专业范围内）和间接知识（与专业无关）两部分，在创造过程中，间接知识作为直接知识的支援而发生作用。如果一个人只有专业知识，他的创造力是极其有限的，只能局限于专业范围内的小修小补，唯有用专业之外的间接知识来打击直接知识，才可能在专业领域内取得大的突破，这种"支援"直接知识的间接知识正是激发创造力的源泉。"③间接知识对于创造的影响，主要不在具体知识上，而是在知识基础上形成的"支援意识"，也就是说，间接知识不在多，而在于从中获取"理念""方法"与"感悟"。这种支援知识化成"可以意会而不可言传的"内在意识时才是头脑创造的基本力量。"支援意识"既是在知识基础上形成的理念、方法，也包含了在无意识层面的想象力、直觉等不可言说的东西。包括人文课程在内的公共必修课程（通识课程）所传授的知识不就是能够使学生获得"支援意识"的间接知识吗，何必一定要强求它们直接实用呢？

就高等职业艺术设计教育而言（前文谈到长沙民政职业技术学院艺术设计专业的大一学生对公共必修课程的有用性提出了质疑），我们始终以为，

---

①马克思,恩格斯.马克思恩格斯选集:第三卷[M].北京:人民出版社，1995:777.
②马克思,恩格斯.马克思恩格斯选集:第四十卷[M].北京:人民出版社，1995:136.
③徐葆耕.漫话中文系的失宠[J].读书，2009(4):138.

它有着不同于一般高等职业教育的特质——艺术创作是理性世界与非理性世界的有机结合，是深思熟虑与率性而为的完美统一；同时，真正的艺术创作绝非是一种仅仅停留在理性层面、深思熟虑层面的称之为"器"的技艺或技能，而是一种更突出直觉、激情、灵感等非理性因素，并极富文化内涵、情感意志、精神状态、心理情绪等因子的称之为"道"的大智或大慧。如果没有千姿百态的智慧、创意、灵感、激情、直觉等因子，艺术很难保持着强盛的生命力，艺术教育也只能培养技艺或许精湛的艺术工作者，绝不会造就个性鲜明，特点突出，思想丰富的艺术大师。千姿百态的智慧、创意、灵感、激情、直觉如何生成，是主要生成于艺术设计专业内的技术与技能教育吗，显然不是，而是源自看似"无用"的文化素质教育（通识教育），高等职业院校的艺术设计教育实在需要反复追问，"没有文化，何以艺术"？

第二节 "成人"取向：基于"综合素养"培育的教学改革

一、以"文"化人："成人"取向教学改革的本真

"成人"彰显高等职业教育的通有本质和本体价值，是高等职业教育的终极追求。长沙民政职业技术学院在教学改革的实践中始终不忘以"文"化人的本真，始终以浓郁的校园文化来熏陶人、成全人、成就人。

成人乃千秋事，赋予学校凝重和深沉的历史，承载学校厚重和深邃的文化。然而，正是这份沉重与厚重，深沉与深邃构筑起校园文化的个性特征与精神象征，构筑起超越本能的群体性价值趋同和理想追求。

一个精神文化荒芜的民族绝对是没有希望的民族，同样，一个精神文化枯竭的学校绝对是没有希望的学校。正所谓青云衣兮白霓裳，举长矢兮射天狼！

天行健，君子当自强不息；地势坤，君子以厚德载物。长沙民政职业技术学院把它解读为"爱众亲仁，博学笃行"的校训、"爱国，荣校，诚实，勤奋"的校风、"修心灵，养气质，学知识，习方法"的学风以及"行言至善，明德博

雅"的教风。

（一）校训：爱众亲仁　博学笃行

"爱众亲仁"出自《论语·学而》。子曰："弟子入则孝，出则悌，谨而信，泛爱众，而亲仁。行有余力，则以为文。"[①]孔子教育弟子，"一个有德性的人，必须先爱人，否则不能成其为人，更不能成为仁人"，在孔子看来，立身、为学的最高境界就是"爱众亲仁"。民政事业"在乎民生，关乎民心""爱众亲仁"应该成为每个民院教职员工教书育人的基本诉求和每个莘莘学子的求学初衷，并以"仁者爱仁"的博爱精神去关注普通百姓和弱势群体的心声与处境。

"博学笃行"是践行"爱众亲仁"的方法论。"博学、审问、慎思、明辨、笃行"是为学的几个递进的阶段。"博学"的"博"意味着博大和包容。唯有"博"，才能具有开放的视角和宽广的胸襟，真正做到"兼容并包、兼收并蓄"，进而"泛爱众，而亲仁"。"审问"意指为学应具备怀疑和批判的精神，刨根到底、敢于质疑。问过以后还要善于思考分析，是为"慎思"。学是越辩越明，是为"明辩"，不辩，则所谓"博学"则是徒有其名。"笃行"是为学的最后阶段，即"知行合一"。

以"博学笃行"为校训，并非"博学"和"笃行"的断章取义，而是与"审问、慎思、明辨"的融会贯通。民院人唯有坚守"博学笃行"之道，方能实现"老吾老，以及人之老，幼吾幼，以及人之幼"的追求。

（二）校风：爱国 荣校 诚实 勤奋

"爱国"是中华民族的优良传统，也是民政工作理念的核心内容。"荣校"是集体主义荣辱观的充分体现，是学校发展的精神动力。"诚实"是中华民族的传统美德，是民政工作者的基本道德要求。"勤奋"是成功的基本途径，是创新的主要源泉。

（三）学风：修心灵 养气质 学知识 习方法

不仅从内容上明确了学风的基本要求：重视道德、品质的教育，关注素质、气质的养成，加强知识、能力的培养，强化方法、技能的训练。同时也明确

---

①李泽厚. 论语今读 [M]. 北京：生活·读书·新知三联书店 .2004，33.

了实现基本要求的途径：“修”“养”“学”“习”。

（四）教风：明德博雅 行言至善

“明德博雅”要求教师既有广博知识又有优雅气质，在高职教育实践中坚持“育人”重于“制器”，成为学生的道德榜样和素质楷模。“行言至善”要求教师坚持理论联系实际，身体力行，善传身教，不断提高教学质量，超越自我，追求卓越。

二、“互联网＋”的介入：基于“综合素养”培育的教学改革路径探索

长沙民政职业技术学院在国家示范校建设过程中创新了“项目工作室制”“订单班”等工学结合人才培养模式，学生技术技能的培养得到了凸显，但是，并没有完全调适好“技术技能”与“综合素养”之间的关系，而忽视了学生综合素养的陶育。从 2016 年起，学校进入了全面建设卓越高等职业院校的发展阶段，“卓越”绝不止于“技术技能”的卓越，更在于心智的卓越、人格的卓越、精神的卓越和灵魂的卓越。2019 年，学校开始创建中国特色高水平高职学校，追求卓越进入全新阶段。

而且，在“互联网＋”的影响下，社会经济的产业结构、行业结构和技术结构发生了巨大的变化。职业种类日益变化，职业岗位体系成为一个动态的大系统，尤其是技术含量较高的职业岗位群，它们的外延和内涵变化更多，完成工作更多取决于智能，而非体能，生产的自动化和智能化，要求从业人员具备多方面的知识、能力和素养，个性化的工作趋势更是要求培养具有职业道德、创新精神、创造能力和批判性思维的高素质人才。

由此，在新一轮的教学改革实践中，学校基于“开放、透明、融合、分享”的互联网思维内核，以多管齐下的人才培养路径来实现学生综合素养的提升，即通过构建职业道德培养体系、创新技术技能培养模式、完善学习与创新创业能力培养机制，形成现代服务类人才培养特色。

下面以学校卓越校建设重点任务——健康养老服务专业群为例进行阐述。

（一）探索现代学徒制技术技能人才培养模式

“点面结合、订单主导”的现代学徒制技术技能人才培养，主要是以教育部现代学徒制试点项目为基本载体，依托健康养老服务职教集团，形成校企

深度融合的培养模式，重点培养专业群内学生的养老照护、康复保健、养老产品创意设计和应用、养老机构运营与健康管理能力。

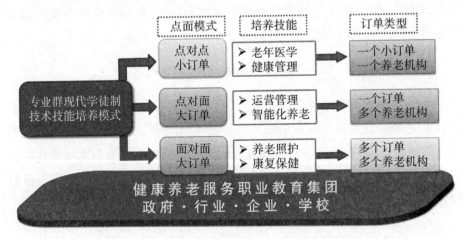

图3-7　现代学徒制技术技能人才培养模式示意图

（二）构建知行合一的"尊老、助老、护老"职业道德培养体系

知行合一的职业道德培养体系，主要是以"尊老为先、助老为乐、护老为责"为核心，以"爱心、细心、耐心、责任心、恒心"为内容，通过课内、外宣扬传统孝道文化，校内、校外实践助老服务项目，"校·家·社"三位一体实施综合评价，将职业道德培养融入养老服务专业教育全过程。

图3-8　知行合一的养老服务职业道德体系构建示意图

（三）完善跨专业学习能力与创新创业能力培养机制

为适应不同企业对学习能力与创新创业能力的需要，将学习能力与创新创业能力融入技术技能人才培养全过程，依托现代学徒制订单班组建跨专业学习共同体，构建以活动性课程和第二课堂为载体、以创意竞赛为推手的学习能力与创新创业能力培养体系。

三、“人文”与“技能”兼顾：有用与无用的和解

为了凸显高等职业教育“成才”这个特有本质和功利价值，长沙民政职业技术学院在发展的某些片段出现过“技术技能至上”和“唯技术技能有用”的偏差，但随着对高等职业教育“成人”这个通有本质和本体价值认识的加深，这种偏差不断得到纠正，“有用”与“无用”的界限不再那么泾渭分明，“有用”与“无用”能够恰到好处地融合在一起。

前文提到学校的“大学人文基础”课程，在 2014—2016 年国家级精品资源共享课的建设中，整个课程的体例和内容都进行了较大调整。主要包括七个专题，分别是“文学的熏陶——大学之道、家国情怀、关于爱情、守望理想；历史的感悟——仁者爱人、慎终追远、实干兴邦、回归常识；哲学的智慧——生命的意义、苦难的价值、幸福的感觉、中庸的境界；艺术的审美——神奇的象形、流淌的歌声、凝固的瞬间、多彩的银屏；语言的魅力——有效沟通、实用演讲、辩论口才、诗文朗诵；人生的名片——礼仪概论、个人礼仪、交际礼仪、求职礼仪；生活的写意——缤纷的服饰、多元饮食、人在旅途、诗意栖居”。很显然，这次调整的取向是弱化了人文教育所谓的职业性、实用性和针对性，而更加注重审美上的享受、精神上的愉悦、心智的磨砺、人格的养成、个性的流露和灵魂的升华，更加凸显了人的回归，更加把握了人本身。“人的根本就是人本身”[①]，如果“一个人要能完全胜任工作并充分享受工作的快乐，就应该懂得工作的社会学的、历史学的、文学的、基础艺术的各个方面”[②]，马克思和布鲁贝克分别从哲学和职业的视角给予了高职人文教育改革极大启示。

---

① 马克思, 恩格斯. 马克思恩格斯选集: 第一卷 [M]. 北京: 人民出版社, 1995: 9.
② 布鲁贝克. 高等教育哲学 [M]. 王承绪等译. 杭州: 浙江教育出版社, 2002: 94-95.

除了课程内容的调整外,学校还给予人文教师更多的自由度,只要能够有利于学生智慧、个性的成长,教师可以不拘泥于已有的课程内容,允许做出必要的变通。笔者在人文课堂上进行了一些尝试,将七个专题调整为十五个专题,分别是"人文学习与大学生活""文学之于我们的意义""文学经典的多重赏析——以《红楼梦》为例""历史的启迪""哲学与智慧""感知美、享受美、融入美——重温《美的历程》""自由与尊严希望与梦想——《肖申克的救赎》影评""我有一个梦想""辩论——'山寨文化'及'常回家看看'""音乐与生活""生命的价值与意义""即兴说话与朗读""有效学习""游学美国""人文作业点评"。实践表明,正是这些看似没有直接用处的专题,对学生养成具有"坦荡宽容的胸怀""丰富广泛的兴趣""独立判断的精神""复杂多样的表达方式""超凡逸群的技艺""敢于承担责任的勇气"等素质起到了至关重要的作用。

此外,学校在近几年教学改革过程中进行的跨年级学习共同体、跨专业学习共同体、跨专业协同创新研发中心以及创新设计千人大讲堂等探索,都跳出了"有用与无用"的惯常思维,打破了"专业之内有用、专业之外无用"的藩篱。

学校雕塑艺术设计专业探索了跨年级学习共同体,跨年级学习共同体的创新点主要体现在:一是教学形式从以前的各个年级分开上课变为三个年级一起上课,类似于中央美术学院等重点美术学院的工作室教学形式,也更便于低年级学生向高年级学生学习,促成不同层次和水平学生的交流与讨论,实现了多元互补、博采众长,和谐共生,相得益彰,在发展中重视学生的兴趣爱好、知识结构、个体经验、思维方式、精神气质以及艺术观念;二是专业教师可以充分利用日渐成熟的预约制、项目制等教学方法,在学习共同体中因材施教,更有利于提升学生的专业能力,激发学生的创作热情和创新能力;三是学习共同体的规模控制有利于提升学生综合素养,而学生综合素养的快速增长能够提升专业影响和吸引力,便于择优选择专业基础能力强、综合素养高的学生进入雕塑专业,形成良性循环,如此,在教学上体现更多特色,专业更显蓬勃生机。

2012年入学的民政管理专业学生张鹏同学,自发组建了一个成员来自软件、电子、营销等专业的跨专业学习共同体——3D造梦工厂,他们自己组装了一台 3D 打印机，在长沙大学生科技创新创业大赛上获得一等奖。如今，跨专业学习共同体在学校得到了大力推广。

学校在卓越校建设中，拟组建 10 个跨专业协同创新研发中心，试图通过专业之外没有直接实用的间接知识的相互碰撞，催生出创新的智慧与火花。以社会管理与服务专业群协同创新研发中心为例——专业群依托民政政策理论研究基地，创建由民政政策理论研发中心、殡葬文化研究与传播中心、社工行动研究中心组成的社会管理与服务专业群协同创新研发中心，满足专业群团队创新研发和服务社会的需要。

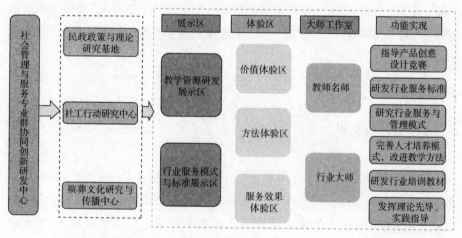

图 3-9　社会管理与服务专业群协同创新研发中心结构图

2016 年上学期，每周三晚上 7：30，长沙民政职业技术学院"创新设计"千人大讲堂在 13 栋影剧院准时开讲。来自全校 10 个二级学院不同专业的 1000 名学生和 16 位老师济济一堂，以跨界、融合的思维，从综合、技术、实务、营销、数学、哲学、艺术、工程、组织、绩效等不同的视角，徜徉在智慧之河，共同领略创造的无穷魅力、体悟设计的无限可能、享受潜能激扬的无上快乐。"创新设计"大讲堂是一门公共任选课，开设的初衷就是要让学生体会创新并不神秘，创造的智慧并不仅仅存在于爱因斯坦、牛顿等少数天才的头脑之中，每一个普通平凡的头脑中一样蕴藏着无尽的创造潜能，只要施以得当的教育、给予充分的启迪，这些潜能必定会像春泉般喷涌而出。由 16 位教授、博士组成的教学团队，横跨经济学、管理学、工程学、教育学等领域，教学团体多元的知识构成和迥异的专业背景给学生全方位的启迪、跨视界的冲击，让学生在专业之外汲取创造的养分，生成理念、方法、感悟和"只可意会不可言传"的内在意识。

第三节　成人与成才的博弈："互联网＋"时代学院教学改革的表征

长沙民政职业技术学院从 1984 年创办中专校到 2015 年创办卓越高等职业技术学院再到 2021 年创建中国特色高水平高职学校的 38 年间，教学改革所走过的历程和获得的成效基本上反映了我国高等职业教育的发展脉络和办学成就，特别是 2006 年以来，依托互联网信息技术所进行的教学改革更是给学校带来了革命性的变化，取得了令人瞩目的成绩，当然，在处理成人与成才的关系上，也凸显了一些不可回避的问题。

一、"互联网＋"引发的革命性变化

学校在规模与内涵两个方面都得到了巨大的发展。校园面积从 1986 年的 160 亩发展到 2021 年的 1217 亩；建筑面积 1986 年为 4 万平方米，2021 年达到 51 万平方米；办学专业 1986 年为 2 个，2021 年达到 44 个；在校学生 1986 年为 200 多人，2021 年达到 18480 人；师资力量 1986 年为 10 人，2021 年达到 1055 人。学校形成了"爱众亲仁，博学笃行"的民政教育理念和"行言至善，明德博雅"的人才培养理念，形成了"一心一意为了学生的健康成长，全心全意依靠教职员工"的人本理念，形成了"每年都有新思路、每年都有新举措、每年都有新发展"的追求卓越、永不停歇的发展态势。

2010 年 9 月，学校基于互联网信息技术在全国率先将网络学习空间融入人才培养全过程，促进了教育、教学和管理的深刻变革，为学生成长、成才

探索了一条新路经,在全国引起了强烈的反响,为高等职业教育在互联网信息技术条件下进行教学改革提供了可资借鉴的案例。

学校创新了师生共建共享的资源建设方式,推动了教学方式的转变。截至目前,学校共有 17 门国家级精品资源共享课、职业教育社区服务与管理专业教学资源库共 17 门课程、职业教育老年服务与管理专业资源库 1 门课程、职业教育会计专业教学资源库 1 门课程、职业教育电子商务专业教学资源库 1 门课程、爱课程网中国大学 MOOC 课程 2 门、15 门湖南省名师空间课堂、7 门湖南省职业院校专递课堂、入选国家教育资源公共服务平台 9 门课程以及在湖南省职教新干线网络学习空间里的 874 门空间资源课程等全部都是基于互联网信息技术共建共享的成果。学校以这些课程资源为基础重构教学生态,突破了传统教学方式,创新了以学生为中心、线上线下结合、课内课外相通的混合教学方式。

学校创新了师生互联互通的沟通交流方式,推动了育人模式的转变。学校利用网络学习空间的互联互通功能,打破了时空界限,创新了全员育人模式,在这种模式下,教师教书育人的责任心得到了极大强化,师生之间的教学相长成为学生健康成长的催化剂,学生的发展之路越走越宽、越走越顺,学校录取分数线连续 14 年名列全省同类院校第 1 名,连续 8 年超过三本分数线,2010 年以来,学生参加湖南省高等职业院校专业技能抽查成绩的合格率和优秀率均名列全省前茅,学校各专业毕业生就业率和用人单位满意率位列同类院校前列,办学质量得到社会的高度认可。

2012 年 9 月,"网络学习空间人人通"建设模式正式成为国家教育信息化"三通工程"的重要组成部分。2016 年 2 月 20 日,中国科学评价研究中心、武汉大学中国教育质量评价中心联合中国科教评价网(www.nseac.com)发布了 2016 年中国专科(高职高专)院校竞争力排行榜,学校名列第五。中国高职发展智库对 2018 年国家三大标志性教学成果加权统计,学校排名全国第十。中国高等教育学会发布 2019 年中国高校创新人才培养暨学科竞赛评估结果(高职)学校排名全国第五。

二、"互联网+"不可回避的问题

然而,无论是基于技术技能,还是基于综合素养,无论是基于传统方式方法，还是基于"互联网+"，学校在教学改革与发展过程中依旧没有完全摆脱我国高等职业教育在成人与成才关系维度上偏至于适应性、单向度和同质化的基本问题域，成人与成才的博弈，"成才"总是处于优势的一端。换句话说，无论是执着于传统方式，还是凭借于互联网信息技术，高等职业教育的教学改革都不太可能充分实现成人与成才的融通。

从适应性方面来看，学校"立足民政、面向社会、适应市场、开放办学"的发展思路，其中包含的民政、社会与市场就是适应性的典型表现；学校2015年湖南省卓越高等职业院校建设项目实施方案中对建设思路是这样描述的，"学校根据行业产业转型升级需要，……构建聚焦养老服务、民政管理、社会工作、社区服务、绿色殡葬、民政工作信息化、民政服务智能化、电子商务、新兴金融、创意设计等领域的特色专业体系，……全面提升学校服务社会的能力，持续提高学校对区域社会经济发展的贡献率、推动力和影响力……"，很显然，整个建设思路都是在服务和适应行业产业、区域经济发展、社会发展，几乎没有人的提升和超越；学校2015年高等职业教育质量年度报告中有这样一段话，"2015年，学校主动适应我国经济发展'速度换挡、方式转型、动力转换'的新常态和高等职业教育进入创新发展黄金时期的新形势，主动应对民政行业转型发展和区域现代服务业转型升级带来的新挑战……"，无论是"主动适应"还是"主动应对"，在实质上还是"适应"。如果总是在"适应"和"应对"，那么思想成长的通道在哪里，人性的超越和卓越又该如何实现？

就单向度发展而言，学校在日益严峻的大学生就业形势和日渐增大的就业压力下，"以就业为导向"成为影响教育理念、教育目标和教学改革的重要思想观念，高等职业教育似乎转化为一种"就业教育"，甚至等同于"谋生教育"。在近三十五年的改革发展中，学校创新了"项目工作室制""基于学习的工作""在服务中学习""订单班"等工学结合人才培养模式，学生技术技能的培养得到了凸显，但职业道德和职业精神的培养却没有形成体系，学生学习能力和创新创业能力的培养也没有形成合力。如果在人才培养上，总是职业性先于教育性，"制器"重于"育人"，那么，整全的人性和完满的人格如何生成？

在同质化发展方面，学校无论是示范校还是卓越校的教学改革都特别对

"模式"情有独钟，在示范校建设期间，学校创新了"重专业价值、强实务能力"的专业办学模式，"职业行为导向""在工作中学习、在学习中工作""项目工作室"的教学模式，"企业订单课程模块""基于学习工作的顶岗实习模式""行业全过程参与的教学评价模式""四维两化的校内实训基地建设模式"，等等，似乎"模式"是包治百病的灵丹妙药。在 2015 年制定的卓越校实施方案中，把"模式"功能发挥到了极致，而且冠之以"订单"和"包班"的形式。比如在卓越校实施方案中"探索'点面结合、订单主导'的现代学徒制人才培养模式""制定'点面结合、订单主导'的现代学徒制人才培养方案""创新'点面结合、订单主导'的跨专业学习能力与创新创业能力培养机制""探索'四个跟随'的订单式现代学徒制人才培养模式""创新'校企交替轮训包班制'技术技能培养模式""构建'订单培养＋项目工作室'为载体的学习能力与创新创业能力培养"等表述不一而足。

事实上，从实际效果来看，"订单培养"束缚了学生的发展潜能，只满足了企业的一时之需；从长远效果看，"订单培养"造成了学生再生存能力差、后劲不足，学生可迁移能力和核心竞争力受限；从社会的发展看，"订单培养"造成企业员工来源、层次、结构和能力的四个单一，不利于企业的持续发展；从学生的发展看，"订单培养"只是授人以鱼，而非授人以渔。在任何一种意义上讲，"订单"和"模式"只是强化了学生的确定性和同质化发展，都限制了人的多样性、差异性、不确定性和个性化发展。而教育的魅力主要在于其不确定性——为人的自由发展提供了种种可能，或者说"发展人的可发展性[①]"，人只是因为有了多种可能性，才能够发展其最高可能性；"模式"或"订单"的魅力则在于其确定性——为人特定的职业目标提供确定的竞争力。当教育这项具有不确定性的活动遇到确定的职业目标时，如何抉择，无疑是一种挑战。

"包班培养"实际上是模式论的一个变种，一个班所有的专业课程由同一位教师承担，暂且不管这位教师在学识水平上能否胜任，三年里，面对同一位教师，即使教师水平再高，再富有感染力和人格魅力，也会产生所谓的审美

---

①张楚廷.教育哲学[M].北京：教育科学出版社，2006：106.

疲劳。而且，"大学应该始终贯穿这一思想观念，即大学生应是独立自主、把握自己命运的人。他们有选择地去听课、聆听不同的看法、事实和建议，为的是自己将来去检验和决定。真正的大学生能主动地替自己订下学习目标、善于开动脑筋，并且知道工作意味着什么。大学生在交往中成长，但仍保持其个性，他们不是普通人，而是敢拿自己来冒险的个人。这种冒险既是现实的又必须带有想象力。同时，这也是一种精神上的升华，每一个人都可以感觉到自己被召唤成为最伟大的人。"[①]试问，在包班培养过程中，学生能有多少机会做到有选择地去听课、聆听不同的看法、事实和建议，做到在丰富多彩的交往中保持想象力、达至精神的升华，成为一个最伟大的人？

①雅斯贝尔斯.什么是教育 [M]. 北京:生活·读书·新知三联书店，1991:83.

第四章　成人与成才的融通："互联网＋"时代高职教学改革的基本原则

　　一方面，随着时代的变迁，高等职业教育"成才"的规格必然会不断变化，"成人"的内涵也会有所不同，高职教学改革与发展中的"适应性""单向度""同质化"等基本问题或许也会呈现出不同的表现形式，"互联网＋"时代的高职教学改革同样会有类似的变化，然而，不管发生什么变化，总会有一些东西是不变的，在历史发展的长河之中，不变总会多于变化，事实上，只要把握了那些历经千锤百炼、大浪淘沙的不变的内核与原生动力，高等职业教育的教学改革与发展将总会处在正确的方向，将总会走在追寻卓越的永无止境的路上。那么，哪些是恒久不变的呢？还是要回到文明的源头、回到教育的原点、回到中西古典教育的智慧之中。从中西古典教育智慧的全部向度中或许能找到一个最重要的向度，主要传达的理念为，"在当今这个时代，我们的教育比历史上任何时代都更加需要关注每一个个体是否具有一个完整的、健全的心智，在培养人的行动力的同时，不能忽视对个体鲜明的道德品行的培育，提升知识与个体的亲缘性，增进个体与世间万物之间充满温情的联系，启蒙和谐的心性，个体灵魂与世俗之间保持一定的隔阂，促使个体凭借本原性知识所通达的道德品行与个体凭借技术型知识所获得的世俗权利达到和谐一致，从而发育出丰富、完整的现代人格。"①

　　另一方面,从互联网到互联网思维再到"互联网+",时代已经发生了令人瞠目结舌的变化,前文已述,"互联网+"作为我国经济社会发展"创新驱动"的一种重要形式,正以摧枯拉朽之势冲击和重塑着高等职业教育的思想观念、培养目标、教学方式、学习方式等各个方面,那么,理所当然,我们也应该从互联网思维引发的高职教学变革中找寻到富有时代气息的外形与再生源泉。

第一节　遵循 成人与成 才统一的基本原则

一、摆脱"适应性"的束缚：遵循超越性原则

　　"认识你自己",这是一条镌刻在古希腊德尔斐智慧神庙上的箴言,这条箴言给予苏格拉底极大启示——"自知自己无知"。毋庸置疑,人在自我的内外在认识时应该要持一种自知自己无知的态度,而其中最主要的就是自我内在的认识,"认识你自己"只是第一步,正确的自我认识可以使自己自律、从容、敏捷、和善、谦恭、明智,发现自己的无知。尼采有一句话"不要跟随我,跟随你自己。"要想成为你自己、实现和超越你自己,就要跟随你自己,而要跟随你自己就要不断地认识你自己。人的本性具有超越性,人也只有在自由的状态下才能实现超越,古典教育的超越性总是与精神的自由,或者说是与"高贵的单纯和宁静的卓越"密不可分;总是与伟大的心灵和自由教育联系在一起。

　　1959 年 6 月 6 日,著名的古典政治哲学家列奥·施特劳斯在芝加哥大学法学院的第十届毕业典礼上发表了《什么是自由教育》的致辞,其中着重阐述了"自由教育"与"伟大心灵的"密切关系：良师难遇,所以我们最好的选择就是"和那些伟大的书在一起",从最伟大的心灵中选一位作为榜样,成

---

①刘铁芳.古典传统的回归与教养性教育的重建 [M].北京:北京师范大学出版社,2010:17.

为与伟大心灵的中介，而最伟大的心灵不只是西方的，也包括了中国和印度的。同时，施特劳斯列举了一个伟大心灵的例子，即引用色诺芬对苏格拉底言论的记录：就像我喜欢的一匹好马或一只鸟，其实在很大程度上我喜欢的是有价值的朋友；我会把好的事情告诉他们，把他们介绍给能使他们德性有所增长的其他教师。我们从古人遗留下的书中探索，看到好的东西就摘录下来，我们认为彼此帮助是极大的收获。

苏格拉底否认自己是任何人的老师，他是一个“美德”的传授者，似乎他只是在依据道德理想来做事。施特劳斯认为，苏格拉底的言论“带着一种古人特有的高贵的单纯和宁静的卓越”。古典的或是以往良好的教育都与伟大心灵密切联系，而自由教育与伟大心灵亦是息息相关，“由倾听最伟大的心灵之间的交谈构成。”如今高等职业教育的主要问题是：我们是否有欲望和可能去倾听伟大的心灵，或许有，但应该如何倾听才能获得自我超越和高贵的气质，从而获得完美高贵的气质，获得自我的超越。

古典教育是面向人的灵魂的教育，它把培养有德性的人作为目标，并通过教育成全人的本性。柏拉图反对教育是一味灌输的观念，并列举了“洞穴比喻”反对“能把灵魂里原来没有的知识灌输到灵魂里去”。柏拉图认为“灵魂转向的技艺”[①]才是教育，使灵魂的视力朝光（善）的方向转去。而善是超越存在的，更是世间万物存在和存在得理解的原因。所谓的灵魂的视力，即指认识知识的能力，也是灵魂本身的德性。这种德性是生来即有的，而不是后天培养形成的，即灵魂本身就有视力，不需要在灵魂中创造。因此，德性是灵魂重要的组成部分。唤醒这一德性，并让它转向善发展就是教育的作用。柏拉图提出，知识的对象从善中得到它们的存在、实在和可知性，善虽然不是实在的，但它是高于实在的东西。

善是“最大的知识问题”，人都从善中知道各种德性。善让人们认识到了许多的知识，因此，这种古典教育天然地具有超越世俗、钱财、名声和荣誉的超越性，引导人们的灵魂转向善。苏格拉底助产术的教育方式是逐渐把人们的眼光从习俗生活引向哲学思考，从利益纠纷中引向纯粹思考，激励人灵魂

---

① 位涛. 教育即“灵魂转向的艺术”[D]. 芜湖：安徽师范大学.

的上升和超越。苏格拉底对自己一生所从事的事业作过说明，在雅典这个最智慧的城邦里有着最好、最伟大的人，但是大多数的人们只追求钱财名利，却忽视了真理和智慧，从不思考如何将灵魂变成最好，城邦的人们难道不为这些事而羞愧吗？①

古典教育指引灵魂转向至善，同时也赋予了人类最高形式的快乐和幸福，人获得的这种快乐和幸福，当然不同于习俗生活中的快乐与幸福。柏拉图指出，哲人若想享受最吸引人、最神圣的哲学带来最大的自给的幸福，要想自己灵魂达到最高的知识状态，就要走出洞穴看见光（至善）。当哲人达到这种状态后，不想再回到洞穴（城邦），也不想从城邦中获得任何事物，就想一直居住在"福乐岛"。人就是在无数次的对生活深刻的反思、肯定与否定中实现了超越，因此，苏格拉底说过，"未经省察的人生没有价值"。②亚里士多德划分了生活方式的种类，他认为其中思辨生活是福乐的最高境界。培育卓越的人性是古典教育的主旨，为了让人能在迷失中找回自我、成就自我，唤醒人性超越的那面是古典教育的超越。

高等职业教育同样需要培育卓越的人性，由此，在"适应性"与"超越性"这对范畴的关系上，如今高等职业教育的主要问题是，"在不得不适应经济社会发展的现实境遇中，我们是否有能力发展一种简练而精准的方法，找到'适应性'与'超越性'之间恰当的动态平衡点，并力求逐步摆脱'适应性'成才和经济、产业、效率等因素的束缚，使得以'适应'为主要特征的职业技能与以'超越'为基本诉求的职业精神高度融合；同时，在不得不与物质主义、享乐主义和技术主义所带来的弊端进行博弈的过程中，我们是否有欲望和可能去倾听伟大的心灵，唤醒、激发人的超越本性，让学生能在各种迷失的困扰下找回自我、成就自我、超越自我，从而培育卓越的人性"。

二、走出"单向度"的困境：遵循整全性的原则

古希腊、先秦的思想家开启了一个发现了"人"的古典时代，这种"人"

---

①柏拉图.苏格拉底的申辩[M].吴飞，译.北京：华夏出版社，2007.107-108.
②（古希腊）柏拉图.柏拉图全集[M].北京：人民出版社，2002:36.

是在生理、经济、求知乃至审美意义等多维度需求都得到满足的人，马斯洛和罗杰斯分别把这种人叫作“自我实现的人”和“功能健全的人”。这种“人”是真正具有“完整”生命意义的人。

苏格拉底提出这样一个理论，人要有一个主动设计的、良好的内在模式，所有人只有遵循这个模式标准的才能获得好的生活，达到至善状态。这个理论的产生是出于质问精通完美艺术生活需要的知识和技能。苏格拉底认为，这种标准的模式是一种理想的模式，它可能不会在现实中实现，但正是理想模式的存在，使得教育通达个体人性之整全充满了无限的可能性。正如苏格拉底和格劳孔的对话所言：

格劳孔：我知道你所说的理想的城邦是在理论的基础上建立起来的，但在地球上是找不到的。

苏格拉底：或许天上有它的原型，让凡是希望看见它的人都能看见自己在那里定居下来。至于它是现在存在还是将来才能存在，都没关系[①]。

同样，亚里士多德认为，人追求的目标就是幸福的生活，或者说是一个至高、至善的生活状态，每个人追求目标的过程也是自我实现的过程。他在对人的个体作出进一步的洞察的基础上提出，人是肉体与灵魂的统一体，人作为整全人的必要条件除了有一个好的生活状态，还有灵魂与肉体的统一。

柏拉图认为，哲学是教育的最高形式；是实现人完整性的一种活动；是对智慧或者说是对最重要知识的探求；这种知识就是德性和幸福[②]。正是凭着这种对最整全事务的最重要、最高的追求，将个体从财富、权利、名誉等俗世事务的追逐中解脱出来，使得个体精神世界秩序化，从而获得自我灵魂的完善，并保持个体精神的独立性。正是在这个意义上，在柏拉图的教育序列中，教育的最高形式就是哲学。教育成为一种哲学式的努力，就在于应对个体不断超越经验世界，逐渐达到对世界整全的认识，并在个体心灵世界中，不断开启个体人生通向德性和幸福的窗口，并由此而获得自我灵魂的美善秩序与完整人格之生成。“正是凭借对人生最高智慧、对德性与幸福的本源性追求、对最

---

① 柏拉图. 理想国 [M]. 郭斌和，张竹明，译，北京：商务印书馆.1986：386.

② 刘小枫，陈少明主编. 古典传统与自由教育 [M]. 北京：华夏出版社.2005：6.

整全事物的追求,教育走向哲学的重要内涵之一是让人关切人生中所遭遇的'最重要的事',以对'完整和完全'的追求引向对日常生活的超越,进而去追求人性的优良与卓越。"①

　　人的整全性发展价值追求还体现在古希腊的游戏精神上。游戏意味着什么,与娱乐有什么关联呢?在教育实践中,我们会经常提及"寓教于乐""寓教于游戏",诚然,"寓教于乐""寓教于游戏"确实能促使教育教学顺利开展甚至还会收到意想不到的功效。不过,我们以为,如果把"游戏"仅仅定位为世俗意义上的"乐"或"娱乐",那么,"游戏"的内涵就被大大缩减和简化了。"游戏"为何能提高教育的功效,事实上,除了"乐"或"娱乐"外,"游戏"所蕴藏的内涵、精神与每个人天性中的"游戏成分"相契合。何谓人天性的"游戏成分",或者说,人的这种游戏天性所彰显的游戏精神是什么?当然,我们很难说清游戏精神的准确内涵,但是,"游戏精神"至少意味了"自由自在"和"无拘无束","游戏"给予人充分的想象空间、给予人宣泄情感的场域,保存人的好奇之心、敏锐之心、探索之心、求知之心、向善之心和趋美之心。而,正是这些"想象""情感""好奇""敏锐""探索"与"求知""向善"和"趋美",几乎构成了一个完满、和谐人性的全部。古希腊是西方文明的源头和本真,而古希腊人又最具有游戏精神,正是这游戏审美精神让古希腊人"拥有完美的形式和内容,从事哲学思考和形象创造……把青春性和理性结合在完美的人性里"②。

　　孔子以反对人成为"器"来表达对整全性发展的关切。子曰:"君子不器"③。所谓"器",朱熹注为"器者,有用之成材"④,"器者,各适其用而不能相通。"⑤。孔子或许是因为子贡在言辞、有说、货殖等方面的非凡才能才将他

　　①刘铁芳.古典传统的回归与教养性教育的重建[M].北京:北京师范大学出版社,2010:228-229.

　　②席勒.审美教育书简[M]张玉能,译.南京:译林出版社,2012:2.

　　③李泽厚.论语今读[M].北京:三联书店,2004:61.

　　④朱熹.四书章句集注[M].上海:上海古籍出版社,2001:66.

　　⑤朱熹.四书章句集注[M].上海:上海古籍出版社,2001:88.

比喻为"器"，"成德之士，礼无不具，故用无不周，非特为一才一艺而已"①
是孔子培养弟子的目标，就是说要解开迷惑，体悟人生之理和处世之道，提升
自我素质和能力，便于管理社会事务，就要重"博学以文"和"约之以礼"，
孔子反对"樊迟学稼"的例子清晰体现了轻技艺培养和职业教育的理念。

　　樊迟请学稼，子曰："吾不如老农。"请学为圃，曰："吾不如老圃。"樊迟
出。子曰："小人哉，樊须也！　上好礼，则民莫敢不敬；上好义，则民莫敢不服；
上好信，则民莫敢不用情。夫如是，则四方之民极负其子而至矣，焉用稼"？②

　　在孔子看来，人的整全性发展不在于外在器物层面"技艺"的获得，而
是取决于内在精神的不断提升，要实现"老者安之，朋友信之，少者怀之"的
社会理想，就要"爱人之心"和"推己及人"。

　　高等职业教育作为一种教育类型，高素质技术技能型的人才培养目标是
其类型特色的外在表现，但是，在倾力发展类型的时候，需要时刻警醒自己，
"始终要作为一种使学生成为见多识广、负责任的人的教育，帮助学生成为
一个独立、自由的个体，并努力使他们能适应公共生活，成为一个'整全'的
社会人"，即始终要把培育具有"完整"生命意义的人，作为高等职业教育竭
力追求的价值目标和终极使命。高等职业教育要"超越被动的工具化存在状
态，追寻和彰显人存在的无限可能的价值和意义"，逐步跳出"单向度"成才
的困境，调适"单向度"与"整全性"的动态平衡，以"人性的卓越""人性
的完满"为出发点和落脚点来关注学生的成长、成人。

三、克服"同质化"的弊病：遵循差异性的原则

　　苏格拉底在《美诺篇》中引证祭司的观点，即人的灵魂是不死也不会消失
的。因此苏格拉底提出"教育即回忆"，因为既然灵魂不死，那它已经知道了世
界上的一切知识，它理所当然会想起已知的所有知识，苏格拉底提出的观点是
想表明真正的教育是自我灵魂的事件。自我灵魂事件既表明了启发诱导的重
要性，也揭示了教育中差异性追求的必要性和紧迫性，教育必须因人而异，人

---

①朱熹．四书章句集注 [M]．上海：上海古籍出版社，2001.88.
②李泽厚．论语今读 [M]．北京：三联书店，2004:350.

性就像做成的钱币,不可能成功模仿许多事物,所谓的模仿只是事物本身的摹本①。教育并不是人为的注入外在目的,而是自我内在天性的充分发挥与成全,这是因为古典教育是建立在自然目的论的基础上。因材施教在古典语境下是根据学生的本性不同而进行不同的教育,促进天性的成全,防止个人在天性下的自我迷失。而现代意义下的因材施教是通过对各自不同的学生利用不同的教育方法,从而完成一样的教育目的。

古典教育智慧中的差异性追求在"好人"这个语词上得到淋漓尽致的展现,"好人",它的基础是自然人,中心是德性,基本目标是为达到个体德性的完善从而实现自然人成全和个体存在的卓越。"好人"乃是个性化的,差异性的,但是,"好人"的人格绝没有消解个人的公共关切而成为纯然的个人化的人格,"好人"的成全绝不是在狭小的个人生活空间里面导致一种狭小自我人格的圆融。在柏拉图的教育设计中,每个人基于自己的天赋进入城邦,求得个人在城邦中的合理位序,促成个体人格在公共生活中的实现,其教育旨趣体现为"好人"与"好公民"的内在统一。

孔子的弟子在学习、实践和成长中都有着自己独特的方式,而且在孔子的教学过程中,每个弟子汲取知识、学问及价值观的方法都是特别的,与其他人存在区别,因此进行批判性的反思。《论语》记载:"德行:颜渊、闵子骞、冉伯牛、仲弓。言语:宰我、子贡。政事:冉有、季路。文学:子游、子夏。"②众弟子有的长于"德行",有的长于"言语",有的长于"政事",有的长于"文学",这就是所谓的孔门四科。因此,北宋理学家程颐说:"孔子教人,各因其材。"③朱熹对此的注释是:"圣贤施教,各因其材。小以小成,大以大成,无弃人也。"④

孔子的因材施教的教育方式促进了学生个体体验和体悟的进行,因为在精神世界里,要将外在的道德、知识、文化转化为自身的发展和成长,就必须要通过个体的体验和体悟。以孔子对"仁"的解释为例,《论语》中多次谈

---

①柏拉图. 理想国 [M]. 郭斌和,张竹明,译,北京:商务印书馆.1986,98.

②孔子弟子. 论语 [M]. 北京:中华书局出版社,1960:117.

③程颐. 河南程氏遗书(卷十九)[M]. 朱熹编. 北京:商务印书馆,1935.276.

④朱熹. 四书章句集注·论语集注(卷十三)[M]. 北京:中华书局,1983.362.

过"仁"，但仍然不能很好地解释它，我们可以主要从两个方面来分析：一方面是因为谈论的"仁"就像柏拉图的"理念"一样，任何一个规定都难以完整地表达它的含义，"仁"是一个庞大的体系，是完美的道德标准。从另一方面来说，在仁方面，孔子告诉每一个弟子为仁的方法都不一样，因为他的弟子有着不同的特点和资质，但孔子把为仁的全部方法都告诉了最聪明的颜渊，所以颜渊问仁的一章成为孔门中重要的内容。

由此看出，孔子在教学中不是将现有的不变的知识传授给学生，而是利用自己的教育智慧，根据学生各自的特点，充分发挥学生自己的想象力、创造力，使他们能各有所得，造就学生个性鲜明、丰富多彩的特点。

在高职院校每一个学生的灵魂之中，同样具有极致的独特性和不可替代性，一样具有天赋的可发展性，由此，高等职业教育的教学改革应当逐步克服"同质化"的弊端，在"同质化"与"差异性"这对范畴的关系上，平衡点不断向"差异性"一端偏移。

第二节　坚持"通识课程"与"职业课程"统一的基本原则

一、无用之用的通识课程作为实现高职教育"成人"与"成才"统一的内核

著名科学家爱因斯坦曾说过："用专业知识教育人是不够的。通过专业教育，可以将人培养成为一种有用的机器，但不能成为一个和谐发展的人。要让学生对价值有所理解并有强烈的感情，这是最基本的。同时，他必须对美和道德有鲜明的辨别力。否则，他连同他的专业知识，就更像一只受过很好训练的狗，而不像一个和谐发展的人"[1]。这句话同样适用于高等职业教育。

---

[1]爱因斯坦.爱因斯坦文集（第三卷）[M].许良英译.北京：商务印书馆，2010：115.

对于个体来说，专业主义和职业主义的教育有可能培养出"单向度的人"。单向度的人即马尔库塞所言的，丧失否定、批判和超越能力的人。这样的人不仅不再有能力去追求，甚至也不再有能力去想象与现实生活不同的另一种生活①。事实上，人的生存需要知识作为手段，但超越技术和职业层面的精神能给人以更大的自由。高等职业教育的目标不仅仅是培养以就业为导向的"职业人"，而应是身心和谐、发展全面、具有可持续发展的"完整的人"。

从社会整体而言，社会越发展，个体的行为借助于科技的力量的扩大将对他人和社会产生越来越大的影响。个人的行为不仅是科学与技术问题，更是一个价值问题。在"互联网+"时代，信息技术犯罪、互联网犯罪及其他高技术犯罪行为涉及的人群更广，其危害程度也更大。如果忽视学生的人文精神教育，就是忽视技术持有者的价值取向，而没有价值取向的技术持有者对社会所造成的促进或破坏作用都是难以预料的，一次得逞的恶意破坏足以毁掉无数人努力取得的成就，破坏比建设更容易。因此，高职教育中要将人文精神与科学精神结合起来，这既是时代发展的需要，也是个体成才的需要。换句话说，通识教育对于高等职业教育也是必不可少的。

通识教育是传统的博雅教育和自由教育的一个特殊代表②。通识教育在现代社会被认为能在传统的自由教育和专业教育、职业教育之间起调和作用。通识教育强调的不是知识的总体，而是视野的整体性和知识体系的核心。通识教育主要通过开设通识课程来实现。通识课程是高等职业教育"成人"价值取向的内容保障，也是实现高等职业教育"成人"与"成才"统一的内核。在高等职业教育课程结构上必须既重视专业课程，也重视通识课程，在教学中实现专业课程与通识课程的有机结合。

所谓通识课程，它是相对专业课程而言，泛指专业课程以外的所有课程。这种课程具有通识性、综合性、多样性等特点，它的开设目的是通过科学与人文的沟通、专业与专业之间的沟通，培养具有宽广视野、人文及科学精

①赫伯特·马尔库塞.单向度的人：发达工业社会意识形态研究[M].刘继,译.上海：上海译文出版社，2008:126.

②张楚廷.高等教育哲学导论[M].北京：高等教育出版社，2010:218.

神的健全职业人，培养学生成为一个独立的人、有思考能力和见解的人、有教养的人、有远见的人、懂感恩的人，培养学生能够在简约中感受朴素之道，在严谨中领悟理性之力。它的着眼点在于"成人"而不是"成才"。通识课程与专业课程在整个高等职业教育中应该是"平起平坐、平分秋色"的关系，这就必须从行业企业及用人单位的实际需求出发，开发符合企业工作流程与任务要求的课程体系，比如借鉴德国职业教育体系中学习领域课程开发的思路，根据"工作对象—工作要求—工具材料—工作方法—劳动组织"来确定学习领域，从而构建符合社会实际需求的专业课程体系，并进一步开发课程标准、完成课业设计，将传统的专业课程与通识课程全球视野、人文及科学精神培养、职业素养与思维培养等内容所涉及的内容有机地整合到课程体系之中。

二、有用之用的职业课程作为实现高职教育"成人"与"成才"统一的外形

"成人"这个高等职业教育的通有本质和本体价值往往"赋形"于"成才"这个高等职业教育的特有本质和功利价值上。也就是说，高等职业教育的表象主要体现为职业性、实践性和实用性。学生"成才"的主要表现就是职业能力的提升，或者说，学生在确证他的本质力量对象化的相互作用就是职业能力形成的意义。职业能力是在职业精神的引导下和职业道德的规定下，促使个人对于生命意义和境界理解的提升，很明显，职业能力绝不仅仅是职业技能本位或专业技能本位，而是和职业精神、职业道德融为一体的职业能力。那么，职业能力是如何形成和提升的呢？我们认为，职业课程是职业能力的形成和提升的主要载体，换句话说，职业能力的外形主要凝聚在职业课程之上。

前文综述中提到，有关课程的改革，我国高等职业教育经历了从"知识本位"到"能力本位"再到"人格本位"的变化。以"知识"为本位的学科课程体系中，忽视了职业能力、职业道德和职业精神的培养，针对这一缺失，基于"能力"的课程改革，开发设计了基于工作过程和典型工作任务的课程体系，学生"职业能力"的培养成为课程改革的目标。通过这样的改革，我国高职院

校逐渐跳出了传统学科体系课程框架的藩篱,高等职业教育基于职业性和实践性的类型特色日趋明显,但是,由于对高等职业教育的职业性和实践性缺乏更深入地认识和理解,在人才培养实践中往往将能力本位缩减为职业技能本位或专业技能本位,仅仅针对学生专业所面向的职业岗位进行以经验技术和动作技能为主要内容的训练,学生可持续性发展能力、职业迁移能力和职业素质的培养没有得到重视。人格本位的课程指向高职教育的成人性,但是,成人性的课程并非是完全独立于职业课程的通识课程,而往往是将成人性融入职业课程之中,职业课程一样可以培养学生独立判断的能力,培养学生选择重要的价值（如美、正直、公正、容忍、理性、自由、民主）而爱之、好之、乐之、坚执之的精神[①]。

那么,有用之用的职业课程如何与无用之用的成人性融为一体呢？英国学者艾雪培的技术人文主义或许会给予我们一定的启示。在很多人的眼里,技术是摧毁心灵的,非人性的,而艾雪培则认为技术有且必有人性作用的,并且是沟通科学与人文之间的桥梁,技术与人及社会息息相关,技术是把科学应用到人与社会的需要上去,无论喜欢与否,技术必须确凿地把人的因素放在中心位置。艾雪培用几个很简单的例子进行了说明。一个工程师要在非洲修路,他不只要清楚建路的工程技术,还要考虑许多人的社会的文化的问题：这条公路将如何改变当地人的生活方式,如何影响传统经济、文化,他们的新的工作习惯会不会破坏原有的家庭结构,这是文化的"开发",还是文化的"破坏"？[②]该如何对这些影响和改变进行有效的评估,因此,一个工程师不但要广泛涉猎多个领域,还应具有超越技术之上的人文情怀。

再比如,一个酿酒师酿造啤酒,必须研究生物学、微生物学及化学,还需要掌握酿酒的实际知识和技术,而更重要的是要考虑啤酒对人对社会所产生的结果,啤酒可以解渴,可以消除疲惫,但是,醉酒却常常会有害家庭……这一切使啤酒与个人及社会发生了密切的关系,在这些关系中,出现了许多价值问题,而这些价值又常常是相互冲突的,如何达到一个平衡的判断,则是酿酒师必须关心的问题。

---

①金耀基.大学之理念[M].北京:生活·读书·新知三联书店,2001:45.
②金耀基.大学之理念[M].北京:生活·读书·新知三联书店,2001:49.

很显然，"职业课程"不应止于对技术技能的了解，而要成为技术技能与人文素养的自然的结合点，成为实现高等职业教育"成人"与"成才"统一的结合点和外形。

第三节　坚持"古典教学形态"与"互联网教学形态"统一的基本原则

一、古典教学的启发诱导作为实现高职教育"成人"与"成才"统一的原生动力

（一）将教学置于日常生活（工作）的实践场域

柏拉图几乎所有的对话都是在日常生活（工作）的场域中展开，整个对话（教育）过程显得那么自然通达与朴质率真，显得那么生气勃勃与平和温情；整个对话（教育）过程带给人的都是"对美好事物的体验"，整个对话（教育）过程都是"启迪灵魂不断去追求美好的事物，以对美好事物的追求激励、引导个体生命的自我成长"[①]。

理想国中，格劳孔和苏格拉底被留下来庆祝女神的火炬比赛、逛街，但苏格拉底后来却忘记了自己留下来的目的，甚至连晚饭都忘记了，就因为关于展开了关于正义的讨论，所以关于"正义"的谈话发生在从比雷埃夫斯港看完表演回城的时候。这一谈话一直从下午持续到第二天早上，身体和感官的满足被灵魂的满足取代。《斐德若》中描述的谈话地点在一棵树枝葱葱，花开正盛的梧桐树底下，夏日的声音和气息充斥着周边，缓缓的草坡当枕头用却是恰到好处，下面还有清凉的泉水，在这样优美的环境下，苏格拉底和斐德

[①]刘铁芳.什么是好的教育——学校教育的这些阐释[M].北京:高等教育出版社.2014:4.

若谈了很久的灵魂、美、友情以及修辞术。

《会饮》则是一篇在题目中直接指明事件场合的对话，整个故事是在从法勒雍去雅典的路上讲的，在柏拉图的著述里，雅典是某些东西的象征，它象征了很多东西，尤其象征言说的自由，象征人们畅所欲言的能力，这是一条从海滨走向内陆的上升之路。在《会饮》的描述中，苏格拉底和一群贤人是在饮酒聚会时展开了关于"爱欲、美与善"的谈话。

"阿里斯托得莫斯说，苏格拉底躺在榻上吃饭，其他客人也还在吃；他们献上祭酒，齐唱赞神歌，履行了所有例行仪式，然后开始会饮……"，"那好，"厄里克希马库斯说，"既然大家都同意喝多喝少各人随意，不得强劝，那么，我想进一步建议，把刚才进来的那个吹箫女打发走了算了；让她吹给自己听，或者如果她乐意的话，也可以吹给这院里的女人们听。这样，今天我们就可以在一起好好侃。要是诸位愿意侃，那么，关于侃什么的问题，我倒有个建议……"，厄里克希马库斯接着说"我觉得，斐德若的话完全对。因此，我愿意主动地为爱若斯做奉献、取悦他。我并且想，在座各位何不也趁现在这个时机赞美一下爱若斯。要是你们也这样认为，今天我们就有得讲的了。我提议咱们从左到右顺着来，各人尽自己所能作篇优美的颂辞来颂扬爱若斯。斐德若该打头炮，因为他躺在最上头，又是论说之父。"

在日常生活的饮酒聚会中的交谈可能会引发戏谑和玩笑，但同时也容易引发精致和高贵的讲辞。《美国精神的封闭》中布鲁姆在提到一位学生陷入了深深的忧郁，原因是读了柏拉图的《会饮篇》。他认为那种奇妙的典雅气氛现在很难再有。《会饮篇》中提到的那时人们都很有教养，平等开明，和睦相处，肆意畅谈自己渴望的意义。然而，那些令人心旷神怡的讨论通常都发生在可怕的战争期间，发生在希腊文明衰落的预期中，在这样的环境中仍然沉浸在自然的愉悦中，不屈服命运，不陷入文化的绝望中，我们感觉太依赖历史和文化。……柏拉图式对话的本质是它可以在任何时间、地点重现。……可能这就是这种思考的所有意义所在。这是我们逐渐做不到的事情。但他就在我们眼前，几乎不可能发生，却一直存在着[①]。无独有偶，先秦时期，孔子和弟

---

① 艾伦·布鲁姆．美国精神的封闭 [M]．战旭英，译．南京：译林出版社．2011：3．

子们的教育活动场域是在周游列国的过程中,展现了一种返璞归真的境界。"莫春者,春服既成,冠者五六人,童子六七人,浴乎沂,风乎舞雩,咏而归。"孔子的学生享受到了极致的幸福和愉悦,在春风浩荡、杨柳依依、溪水潺潺的泗水河边,老师和学生坐在一起,畅谈人生理想,针砭时弊,没有教师凌驾于上的权威,没有所谓的师生界限,这里只有悠哉悠哉的闲情逸致、师生的融洽气氛和师生之间心与心之间的相会、相知、相通。梅贻琦在《大学一解》中对孔子的游学进行了现代诠释,提出了著名的"从游论"——"学校犹水也,师生犹鱼也,其行动犹游泳也。大鱼前导,小鱼尾随,是从游也。从游既久,其濡染观摩之效,自不求而至,不为而成。"①梅先生的这段话意味深长,发人深思,既承继了古典教育的精髓,也不断激励着一代又一代教育者在日常生活实际中以自身的人格魅力和奉献精神去潜移默化地引导学生成长、成才,达到"不为而至""不为而成"的教育功效。

然而,当下的高等职业教育教学实践中很难再有那种"浴乎沂,风乎舞雩,咏而归"的活动形式和境界了,取而代之的是所谓"封闭式的管理",甚至"军事化的管理",在学校中,学生的灵气和活力枯竭,就是因为学生是生活在物理空间和精神空间狭小的处境中,因此很难对真实生活有愉悦的体验。陀思妥耶夫斯基说过:"人活在树林和水塘边,活在劳动和精神的自由之中,活在诗歌和艺术的边缘,活在有尊严和挚爱的生活中,定然活得更舒服些。"②让学生觉得学校生活有意义,让他们对学校留恋和向往时,才会过得"更舒服些"。这需要我们更多地从古典教育置于日常生活(工作)场域之中的实践中获得启示,要让学生在丰富多彩的真实世界里、在更广阔的空间里向社会、自然和他人最大限度地敞开心扉,让他们在与世界的沟通中获得人性的发展和完满。

(二)采取启发诱导的教学展开方式

柏拉图在《美诺》和《斐德罗》中认为教育即回忆,人本身就已经获得了知识,只是遗忘了,学习者接受教育的过程就是回忆知识的过程。但是到

---

①梅贻珍. 大学一解 [J]. 清华学报, 1941, 13(01).

②(俄)费奥多尔·陀思妥耶夫斯基. 陀思妥耶夫斯基文选 [M]. 刘季星,章鸿简,译. 天津:百花文艺出版社, 2005:32.

了《理想国》,柏拉图不认为人本身获得了知识,只有获得知识的能力是人本身就存在的。所以人本身是知识能力的承载者①。柏拉图提出,教育并不是像外界所描述的那样,是某些职业人将个体并不存在的知识灌输到个体的灵魂里,就好像他们能把生活中多姿多彩的万物都装进瞎子的眼睛里一样。柏拉图认为,知识应该是个体与生俱来的天赋,而个体进行学习的方法就好比眼睛——整个身体不调整方向,个体所处的环境就仍然是黑暗的,就无法将灵魂投入到光明中。相同的,作为个体,只有将它的灵魂从变化的世界里抽离,直到灵魂的"眼睛"可以从整个大环境中,观察到所有实在中最明亮者,也就是我们通常意义上的善者,由此提出教育不过是"灵魂转向的技巧"。②教育是一门艺术,它可以为人的心灵指引方向。而教育注重的是教育的过程和路径,也就是说,真正的教育不是将知识一味地灌输给学生,而是启发学生去发现知识、理解知识。这也展现了古典教育的审慎与谦逊的品质,教育实际上应该有所为有所不为,真正有效的教育是在启发诱导的基础上个体不断地进行自我教育,是灵魂的不断探索、上升、完善,以至于最终融入被现实世界吞没、被灵魂忘却的本质纯真的观念中去,从而达到灵魂的赶超与升华。

开启理性、提升认知从而实现灵魂的自我超越才是教育的根本目标,因此,苏格拉底坚信教育是启发性的而非灌输性的。所以在教育活动中他不是直接把知识灌输给学生,而是通过询问、省察、羞辱来启发学生自我思考③。苏格拉底将这种诱发他人获取知识的方法,自称为"精神助产术",就好比分娩过程中的助产婆,她的作用是帮助孕妇顺利地生下孩子,她本人并不能代替孕妇生孩子;苏格拉底所扮演的角色就好比助产婆,在对话中,苏格拉底多半是扮演一个提问者的身份,他的对象才是问题的回答者和解释者。但所有对话的灵魂恰恰又是提问者,而不是回答者,只有针对回答的提问才是一针见血的,才会使问题变得更清楚。因此,在对话中,苏格拉底所持有的是一种开放的心态,即他只负责提问,对方可以完全自由地回答问题。因此,在苏格拉

---

①汪子嵩,王太庆编.陈康:论希腊哲学 [M].北京:商务印书馆.1995:64-65.
②柏拉图.理想国 [M].郭斌和,张竹明,译,北京:商务印书馆.1986:277-278.
③柏拉图.苏格拉底的申辩 [M].吴飞,译.北京:华夏出版社,2007:108.

底的对话中，并没有任何提前预定好的对话，对话的双方都是不确定的，所提问题会得到什么回答并不是有一个固定的剧本，完完全全是临场发挥，而双方对话的逻辑性是将整个对话往一个越来越清晰的方向发展。苏格拉底每天不停地在城邦中通过对话质询他人，刺激人们不断去寻求自我认识，不断回到纯粹的事物本身。苏格拉底说，他尝试去劝说每个人，不要关心自己的名与利，要先关心自己本身，让自己变得有智慧，不要关心城邦的名与利，要关心城邦本身，对待其他的事情时也要按这种方式来进行①。苏格拉底这种交谈、质疑、辩论的方式，让人们真正地对所提问题进行思考和判断，不断探寻自己的内心，寻求自己内心的答案，将自身融入对未来发展方向的不断探究中，从而将个人灵魂不断地完善与升华。

孔子也非常重视启发式的教育方式，“不愤不启，不悱不发。举一隅不以三隅反，则不复也”，②“告诸往而知来者”③。“学而不思则罔，思而不学则殆”④。意思是，不到他努力想弄明白而不得的程度就不要去开导他，不到他心里明白却不能完善表达出了的程度就不要去启发他。如果他不能举一反三，就不要再重复的举例了。指出桌子一个角，学生如果不知道还有另外三个角，老师也就不再说了。告诉学生过去的，学生便能用在未来上。学习而不思考，迷惘；思考而不学习，危险。《学记》中提到，教师在教学中要引导学生进行学习和思考，不要牵着学生走，不要让学生感觉到压抑，更不能直接告诉学生答案或者代替学生下结论，这样才能启发学生独立思考。处理好教与学的关系，立足“自求得之”，而不轻易告知结论，使学生与教师的关系和谐，学生学得轻松而乐于思考。由此可知，中国古典教育智慧中，“无不重‘点到为止’，‘不求说破’，一直到禅宗棒喝顿悟，无不以此为上乘法门，就是不要让学生陷入公式化的僵硬思维中，让受教育者自己去思考，形成自己独特的体会和见解，获得知识和智慧”⑤。

①柏拉图.苏格拉底的申辩[M].吴飞,译.北京:华夏出版社,2007:126.
②李泽厚.论语今读[M].北京:生活·读书·新知三联书店.2004:194.
③李泽厚.论语今读[M].北京:生活·读书·新知三联书店.2004:44.
④李泽厚.论语今读[M].北京:生活·读书·新知三联书店.2004:64.
⑤李泽厚.论语今读[M].北京:生活·读书·新知三联书店.2004:195

对于高等职业教育上千万的学生规模而言,古典教学的具体情境实在难以复制与再现,然而,古典教学的启发诱导所蕴含的"对美好事物的体验""启迪灵魂追求善美之物""引导灵魂不断自我完善与升华",必将唤醒高职教育作为教育的初心和本分,必将成为高职教育成人与成才统一的原生动力。

二、互联网教学的开放共享作为实现高职教育成人与成才统一的再生源泉

无论是从一般意义上俯瞰高等职业教育教学改革的历程,还是从个别意义上审视高等职业教育教学改革的实践探索;无论是从"身份认同"到"规模扩张"到"内涵提升"再到"层次提升",还是从"技术技能"到"综合素养";高等职业教育的成人与成才之间始终存在一种张力,而且,这种张力总是凸显高等职业教育的特有本质和功利价值。

我们必须承认,在当下的中国,高等职业教育作为实现教育公平和社会公平的最重要的教育类型之一,在功利性的成才价值方面具有外在的规定性和内在的自觉性。高等职业教育理应成为广大青年打开通往成功成才大门的重要途径,理应肩负培养多样化人才、传承技术技能、促进就业创业的重要职责,理应努力让每个人都有人生出彩的机会。甚至,在很大程度上讲,高等职业教育的主旨依然如黄炎培所言,"使无业者有业,使有业者乐业"。然而,"人的根本就是人本身"[①],人本身就是审美的享受、精神的愉悦、心智的磨砺、人格的养成、个性的流露和灵魂的升华,技术与职业教育应有利于个性和性格的和谐发展,培养人的思想和价值观,培养理解、判断和分析事物及发表意见的能力,对于"乐业"的看法应该远远超越职业和技术的范畴,回到成人这个根本。

那么,如何在高等职业教育成人与成才的张力之间保持一种恰当的平衡状态,并使之在一定的范围内实现统一? 前文已述,从文明的源头、教育的原

---

①马克思,恩格斯.马克思恩格斯选集:第一卷[M].北京:人民出版社,1995:9.

点、中西古典教育的智慧中可以找寻到历经千锤百炼、大浪淘沙不变的内核与原生动力；另一方面，我们也可以从互联网思维引发的高职教学变革中找寻到富有时代气息的外形与再生源泉。

互联网教学的开放共享或许可以作为实现高职教育成人与成才统一的再生源泉。

众所周知，现代互联网信息技术和"互联网＋"所引发的"工具变革""思维变革"已经在高等职业教育领域掀起了教育变革风暴，新的教育平台、教育手段、教育方式与方法层出不穷，比如：世界大学城网络学习空间平台、MOOCs在线教育平台、空间ISAS教学模式、空间预约制教学模式、O2O复合教材、探究课堂、云课堂、智慧工厂、直观实训、课余泛在学习、VR沉浸学习、AR虚拟实境学习、行为大数据等等，这些汇集成高等职业教育的发展趋势：开放的教育、共享的教育、自主的教育、终身的教育，这种趋势不可阻挡，也不会逆转。

无论从哪个视角来看，互联网教学的意义绝不仅仅停留在技术和工具本身，也不会止于手段和方式方法的变革，而主要是通过技术的变革来刺激高等职业教育思维、思想与观念的变革，教育思维、思想和观念的变革则会促进高等职业教育整体的优化和升华。思维、思想和观念的变革主要体现在互联网教学的开放与共享上。

比如，打造各种开放共享的教学平台，以湖南省为例，湖南省2010年采用北京禾田雨橡互联网科技有限公司开发的"世界大学城"作为职业教育的网络学习云平台。这个平台是以网络交互学习为重点，集远程管理、即时通讯、视频直播、在线考试、电子商务和个性化教学资源重构于一体，是实名制的、非涉密的，能"人人建设、人人受益"的资源共建共享型网络教育学习服务云平台。所有职业学校和职业教育机构不需要购置硬件设备，只要购买云服务，就可以快速生成实名制的机构网站和个人空间，并可以发布视频和文字图片资源，也可以推荐其他机构和个人空间的任何资源。学生在这样的平台里，扩大了信息交流和合作共享的视野，丰富了学生自身的知识，并通过相互之间的优势互补实现共享共赢。尤为重要的是，在这样的氛围中可以培养学生开放性、合作性的意识，使学生在未来的发展中更能彰显包容性和开放性的视野。

比如，构建各种开放共享的教学方式，在高职教育教学的实践中，出现了与多点联通、跨界链接、平等参与、一体共享、协作多赢相匹配的网络辅助和互联网直接面向学生的传授路径。这使得交互式教学方式、翻转式教学方式、个性化教学方式成为可能。

交互式教学是在一种信息共享、相互交流、互动合作的环境中的教学，这种教学克服了时空的限制，让学生在交互的过程中达到预期学习效果，学生能通过互联网学习知识，教师不再是教学的中心，学生也不像以前那样依赖教师，教师从教学的主导者转变为学生的助学者和导学者，教师充分给予学生批判质疑的自由，对学生一视同仁，给予他们同等的知识建构机会，为学生提供更多的互动、表达、思考和创造的空间。

翻转式教学的基本思路是将传统的"课内传授知识—课外练习内化"的教学顺序翻转过来，在课前进行知识的自主学习，课中通过交流和评估实现面对面的深度互动学习，翻转式教学最突出的贡献是师生之间面对面深层次交流的时间和机会更多了，这是对传统课堂教学人与人交流时"面对面的有用性"和价值的强化。

互联网的开放共享为个性化教学奠定了基础，学生更加容易地接触到学习中所需要的资源，学生不再受限于传统课堂，而是基于自身实际情况，自主选择学习什么样的内容、需要什么样的教师来授课、每天学习多少内容、学习何种程度的知识，找到符合自己的最佳学习方式，并且通过网上互动交流、答疑讨论，将自己的学习体验分享给其他人，这在很大程度上能促使学习者养成主体意识，具有高品质人格，凡事都能主动积极地去应对，激发了批判性精神，敢于质疑和提出自己独特的讲解，促进学生敢于创新、勇于创新。

正是如此种种的"开放共享"，突破了古典教学所无法克服的时间、空间、人数的限制，让人性的卓越、人格的健全、情感的充沛、直觉的丰润、想象的激扬及灵感的芬芳等非直接实用的教育价值在技术上非常便捷地融入了当下大规模的成才教育之中。

第五章 成人与成才的整合:"互联网+"时代高职教学改革的基本策略

　　高等职业教育的成人与成才随着移动互联网信息技术和"互联网+"引发的时代更迭而变得愈发复杂。一方面,成才这个特有本质和功利价值继续得到张扬,成才的质量、规格和品质不断向中高端发展,高职教育更多地需要培养与"智能化、柔性化、个性化、快速响应化的生产需求"相适配的具有创新精神、创造能力和批判思维的高素质技术技能人才;另一方面,互联网技术的出现使教育在某种程度上变成了表面浮华的信息获取过程,成人这个通有本质和本体价值不断受到冲击,高等职业教育的成人追求似乎难以突破高职教育30多年发展过程中积累的适应性发展、单向度发展和同质化发展之强大惰性。

　　由此,本章试图以中西古典教育的成人价值追求为源头和理念,以现代互联网的用户思维、大数据思维,平台思维以及跨界思维为技术和手段进行教学内容的重构,将高等职业教育的教学实践置于日常生活的场域,形成一种以启发诱导为基石,以平等、开放、协作和共享为特点的教学方式,并以此找到解决高等职业教育"培养什么样的人""学什么、教什么","怎么教、怎么学""评什么、怎么评"等问题的基本策略,为突破高等职业教育适应性发展、单向度发展和同质化发展之困,为实现高等职业教育成人与成才和谐统一提供可资借鉴的原型与范例。

第一节 成人与成才：教学目标改革的人文情怀和实践关切

一、成人：教学目标改革的人文情怀

中西古典教育是面向人的灵魂的教育，它把培养有德性的人作为目标，并通过教育成全人的本性。柏拉图通过"洞穴比喻"提出，教育是一种"灵魂转向（periagoge）的技艺"①。苏格拉底期望人们通过教育中自知的方法回到事物本身，正如《苏格拉底的申辩》所言，"我私下到每个人那里，做有最大益处的事，我尝试着劝你们中的每个人，不要关心'自己的'，而要先关心自己，让自己尽可能变得最好和最智慧，不要关心'城邦的'，而要关心城邦自身，对其他事情也要按同样的方式关心"②，从而教人们有意识地区分"自己"和"自己的""城邦"和"城邦的"。苏格拉底认为，关心"自己"和"城邦"，就是关心自我灵魂本身和城邦的灵魂；而"自己的"和"城邦的"则意指财富和荣誉等世俗生活的功利。据说，古希腊数学家欧几里得的一个学生曾问："我学这些东西能得到些什么呢？"欧几里得沉默片刻后叫来仆人，说："给他六个铜板，然后让他走吧，这是他想得到的东西"。

很显然，古希腊教育的传统是对抗教育的世俗化和功用化，帮助个体实现对生命本体价值的认同，促成个体德性的完满。阿伦特提出并区分了人的三种基本活动：劳动、工作和行动。这三种基本活动对应世人的三种基本境况：劳动是为了满足人的生理需要而必须付出的努力，因为人的生命是一个不断新陈代谢的过程，其需要也是不断重复的，所以也必须不断重复性地劳动以满足需要；工作是制造东西，工作包含了技能和技艺，它制作出来的东西和劳动产

---

① 柏拉图. 理想国 [M]. 北京：商务印书馆，1986：278.
② 柏拉图. 苏格拉底的申辩 [M]. 吴飞，译 / 疏. 北京：华夏出版社，2007：126.

品不同，它们不会被尽快消费掉，在时间上更为持久，因而具有一种持存性，能将一种客观性和稳定性带到人们的生活中；行动则是个体在与他人交往中的自我展现。行动与行为不同，它总是以他人在场为前提，“行动的本质就是突破平凡达到非凡”①。人们判断行为的标准是动机和结果，对行动的评价标准则是非凡、卓越、伟大。阿伦特认为，人的三种基本生活形式中，劳动是最低层次的，其次是工作，唯有行动才同沉思一样，是人生存的最高样式。因为唯有在行动中，人才把卓越作为基本追求。恩格斯也持有相似的观点，“不仅是工人，而且包括那些直接和间接剥削工人的阶级，皆有可能被自己所获得的工具所奴役；精神空虚的资产者也会为他的资本和利润所奴役；律师为僵化的法律观念所奴役；一切‘有教养的等级’都为各种各样的局限性和片面性所奴役，为自己的肉体和精神上的近视所奴役，为他们的教育和终身束缚于专门技能而造成的畸形发展所奴役，甚至无所事事的时候，亦是如此”②。

中国古典教育语境中“君子不器”成为一种传统。按今天的理解，“君子不器”，即人不要被异化为某种工具和机械。人活着的目的不是作为任何机器或机器（政治的、社会的、科技的）部件存在，也不是作为某种异己的力量的奴隶。“活”意味着人使自己的潜能和个性获得充分发展。在中国传统社会里，士大夫是作为“社会脊梁”，不是或者不应是某种专业人员，“君子不器”是说，君子的职责是维系和指引整个社会的生存，他们读书、做官是为了“治国平天下”。在20世纪中国内忧外患的特殊环境下，现代知识分子仍扮演这种“脊梁”角色，他们为启蒙和救亡而呐喊、革命，即使各有“专业”——从文学艺术创作到教育和文化工作，再到领导农民革命，但都是“心忧天下”而“不器”的。正如李泽厚所理解的，“君子不器”是一种“公共情怀”和“使命感”③。

古希腊对抗世俗化和功用化的教育传统与中国古典教育的“君子不器”，对现代高等职业教育的影响甚微。学者批评现代职业教育工具化背离了

---

① 汉娜·阿伦特. 人的条件 [M]. 竺乾威，译，上海：上海人民出版社，1999：205.
② 马克思，恩格斯. 马克思恩格斯论教育 [M]. 北京：人民教育出版社，1979：207.
③ 李泽厚. 论语今读 [M]. 北京：三联书店，2004：61-62.

职业教育的初衷,它只强调职业和技术,丢掉了教育的成分;与此同时,职业教育的简单化使职业院校简化成职业培训中心。……除了技术训练,学生几乎不能从实践教学中感受到更多的东西[①]。片面强调基于职业资格和职业标准的技术技能训练,在本质上"肢解了人的全面发展的理想目标",是"物化或工具化的",而不是"人化或发展性"的职业教育教学目标。我们以为,时至今日,工业化革命初期那种缺乏精神内涵的"训练"始终存在于高等职业教育当中,高等职业教育仍然被视为缺少人文气息和精神内涵的教育类型。

那么,如何使高等职业教育回归其本义,不仅使无业者有业,而且使有业者乐业,通过高等职业教育使人的灵性得到充分的引启,人的个性得到充分的发展,人的精神得到充分的舒展,把高等职业教育作为"生活的方式"和"人生价值实现的重要途径"? 正如黄炎培1922在年《中华职业教育社成立五年间之感想》中提出的,"职业教育,将使受教育者得一技之长,以从事于社会生产,藉获适当之生活;同时更注意共同之大目标,即养成青年自求知识之能力、巩固之意志、优美之感情,不惟以之应用于职业,且能进而协助社会、国家,为其健全优良之分子也"[②]。我们以为,在教学目标达成的过程中充盈人文的情怀,才能真正寻找到高等职业教育所应具有的教育意义,才能真正实现高等职业教育的超越性、整全性和差异性的成人价值追求。

二、成才：教学目标改革的实践关切

虽然古典希腊教育的成人价值追求以及由此形成的对抗世俗化、功用化的传统,中国古典教育语境中的成人价值追求以及由此形成的"已欲立而立人、已欲达而达人""君子不器",但这并不意味着现代高等职业教育培养的个体不需要坦然面对世俗的生活(现代社会,几乎所有的人都被专业化和职业化了),而是要从中西古典教育智慧中获取实践的灵感和行动的方向,刘铁芳教授提出,要消除个体在人格发展遇到的各种阻碍和欠缺,加强个体存在的精神底蕴,促进个体心智的卓越,在发展世俗之力的同时以心智的卓越和

①卢洁莹,马庆发.论职业教育观嬗变的哲学基础[J].教育发展研究,2006（12B）:11-16.
②中华职业教育社编.黄炎培教育文集[A].北京:中国文史出版社,1994:89.

发达的德性来促进个体存在的完整性①。

而且，（高等）职业教育的实用性和职业性在各方面都有待发展的中国具有特殊的重要性。黄炎培先生在 1917 年的《中华职业教育社宣言书》中问，为什么在中国大学毕业后失业的人如此多？他提到是因为教育与职业的缺乏沟通、联系。如果职业与市场脱节，那么就不能根据经济和市场的需求来培养人才，就不能促进社会的发展。黄元培认为，职业教育才能解决这个问题，将教育与职业紧密联系，职业与市场沟通，职业教育要交给企业、其他机构来办，只有这样职业教育才能真正地办好。为了办好职业教育，黄元培在《怎样办职业教育——敬告创办和改办职业教育机关者》中提了三条通则，着重地强调要实地去做、要深入职业的环境及要学生成为"准职业人"。事实证明，全世界生产力较强的国家都有一个特点，那就是非常重视对劳动力进行机动灵活的训练，且要求职工终身学习以不断提高其技能。

由此，高等职业教育的教学目标仍然需要更加充分的实践关切和更加明确的成才指向。实践性和职业性应该不断向高层次发展，要创造性地培养既会又懂、知行合一的技术技能人才。

三、成人与成才的融合：教学目标改革的变化趋向

侧重或忽视成人与成才的任何一方，都不是理性的做法。高等职业教育一方面服务于工作标准的职业性发展理念及劳动力市场的需求，培养学生成为高素质的劳动者和技术技能人才；另一方面植根于实现人的超越、整全和差异的教育性发展理念，培养学生成为好人和合格公民。正如习近平总书记在 2014 年全国职业教育工作会议指示中提到的，"要牢牢把握服务发展、促进就业的办学方向"，这个办学方向强调的是职业教育为经济社会发展和人的发展服务。

人才培养系统的建构要同时思考教育内、外部的规律，自觉地遵守原理，即教育、社会、人之间的互动关系，从而保证高等职业教育满足成人和成才的

---

①刘铁芳．古典传统的回归教养性的教育的重建 [M]．北京：北京师范大学出版社，2010,13.

需要,如果说成才是高等职业教育正视自身"对外如何适应社会"的理性自觉,而"对内如何适应人"的教育内部规律则是呼吁高等职业教育要像普通高等教育一样重视成人,那么,教学改革需要关注的课题就是如何通过一个恰当的切入点来实现高等教育的二维目标,从而促使成人和成才在高等职业教育中的融合。

从现实形态来谈,高等职业教育无法离开成人与成才的过程,这不仅在于高等职业教育以成人与成才为指向,而且表现在其本身形成于 人、才合一的过程。从高等职业教育的视域看,成才的过程首先表现为学习者职业能力形成的过程,而目前"工作过程导向"教学模式已经成为我国职业教育的主要教学形态,这为职业道德发展从潜在的多种可能状态向现实发展的转化提供了可能的条件。同时,职业能力形成过程的意义是人在确证其本质力量对象化的相互作用中,表现为价值目的意义上的德性主体。因此,职业道德规约下的职业能力培养,应该作为职业教育人才培养反思、批判和重构的研究主题,并在职业世界精神意义的引领中,获得生命意义的领会与生命境界的提升[①]。由此,构建成人与成才相融合的高等职业教育人才培养趋势主要表现为高等职业教学目标改革针对性和超越性的统一。

（一）职业能力规定高职教学目标改革的针对性

高等职业教育培养的是一种具有职业导向的技术技能型人才,即培养这些人才在特定的职业领域中从初级发展成中级、继而到高级工、技师、高级技师,甚至到教授级别的技术技能型人才的发展道路。要想使职业能力与职业道德更好地结合,有针对性地帮助学生在实践中反复锻炼,更好地从学校走向社会,从学业走向职业生涯,就要通过最基本的工作活动,使技术人员积累技术经验,学习职业规范、完善职业意识,实现职业的不断创新。

（二）职业道德激扬高职教学目标改革的超越性

提升人的境界,实现在境界上的超越是职业道德教育的目标,对学生而言,开发潜能,激发生命的活力,提高生命的境界,使得他们每一个人都能自

---

①薛栋 . 精神重建与中国职业教育发展 [J]. 中国高等教育 ,2014(8):11-14.

由且充分地发挥自己生命的价值，这就是职业道德教育最真实的意义。将职业道德教育理解为在职业生涯中不断引领学生超越自我的教育活动，引导学生超越有限追求无限、超越现实追求理想。

第二节　知本与人本：教学内容改革的解构和重构

一、从知本到人本：教学内容改革的价值取向

苏格拉底在与安提丰的一次对话中，将"好的事情""好的东西"以及"贤明古人所著书中的高贵遗产"作为使人的德性有所增长的教育内容。西方古典教育选择教学内容的指向和依据是"人的德性有所增长"，同时也指明了高等职业教育教学内容改革的人本取向，然而，现代高等职业教育在教学内容的选择上从一开始并未指向"人的德性有所增长"，遵循的却是以成才为依归的知本取向。

教学内容的知本取向是在科学主义思潮的影响与冲击下形成的，它与科学主义世界观及方法论有着千丝万缕的联系。科学主义是一种唯知识独尊的信念，这种信念在贬低和排斥人文文化形式（甚至包括道德）的同时完全认定乃至崇拜科学文化形式，认为科学方法是绝对有效的，科学对社会具有绝对的作用。

在我国，20世纪早期，国人就已经深刻体会到了科学知识的力量，无论是救亡图存还是强国富民，都需要掌握科学知识的人才。新中国成立之后，我国社会主义事业的各方面建设都极度需要科学知识和技术，科学技术知识在社会生活中的地位不断强化和深化，已经成为人们生活——无论是政治生活、经济生活、文化生活以及日常生活中的一种哲学。这种哲学反映到大学就表现为"大学课程就是知识"，知识基本上成为大学课程的主导性价值取向。

"知本"取向遮蔽了大学课程的成人性，加剧了大学课程价值取向的冲突，阻断了大学生素质发展过程，这些问题同样移植到了高等职业教育的教

学内容改革实践中,前文有关长沙民政职业技术学院在"大学人文基础"课程上指向职业性、实用性和针对性的改革正是这一问题的充分例证。

孔子以诗、书、礼、乐教弟子,教育内容包括文、行、忠、信几个方面,可见当时的教学内容是以修己为主要目的,而"止于至善"更是教育所追求的人性完善的终极目标。同样,古代西方的教学内容也不离于这一诉求的实现。柏拉图在《理想国》中依靠算术、几何、天文、音乐来培养智慧、勇敢、节制和正义的美德,不仅训练身体而且陶冶心灵。博雅课程就是根据古希腊自由教育产生的,它的主要价值就是"培养独立判断,选择重要的价值而爱之、好之、乐之、坚执之的精神"[①]。这种对于人"在宇宙中的位序"以及对自身素养的关注的教育,是大学课程实现人的内在价值的必然内涵。

匠人,这个缘起于前现代社会、带有传奇色彩的一个群体,尽管受到了工业化和信息化生产方式的颠覆性冲击,却依然顽强地繁衍至今,他们一代又一代传承的内容是什么呢?日本"秋山木工"的创始人秋山利辉用鲜活的经验回答了这个问题。"秋山木工"是一家专门从事制作一些家具业务的企业,给客人提供的都是可以用上百年的家具,都是由最顶尖的工匠打造而成,日本一些重要的场所使用的都是"秋山木工"的产品。

"秋山木工"招收学徒,并且学徒在八年中要做好被称为匠工的心理准备,还要习得成为一名合格匠工所必须拥有的能力,其中包括正确的生活态度、基本训练、工作规划、知识和技能等,因此,让这个小企业举世闻名的除了它的家具品牌外,还有培养年轻人成为优秀匠工的一流的教育制度。学徒每天的学习除了磨炼技术,更重要的是对人品的磨炼,不管技术有多高超,但人品达不到一流的水平,那么他就不是一个真正的匠工。因为秋山利辉坚信,"一流的匠人,首先是人品,其次才是技术","有一流的心性,必有一流的技术"。

"秋山木工"的制服背后,印有很大的"木之道"字样。所谓"木之道",指的是为了成为一流匠人的"为人之道"。在教育上,秋山把它归纳为"匠人须知30条":进入作业场前,先学会打招呼;先学会联络、报告、协商;先是一

---

① 金耀基. 大学之理念 [M]. 北京:生活·读书·新知三联书店,2008,41.

个开朗的人；成为不会让周围的人变焦躁的人；要能够正确听懂别人说的话；先是和蔼可亲、好相处的人；成为有责任心的人；成为能够好好回应的人；成为能为他人着想的人；成为"爱管闲事"的人；成为有执着精神的人；成为有时间观念的人；成为时刻准备好工具的人；成为会打扫整理的人；成为明白自身立场的人；成为积极思考的人；成为懂得感恩的人；成为注重仪容的人；成为乐于助人的人；成为熟练使用工具的人；成为能够做好自我介绍的人；成为拥有自豪的人；成为能够好好发表意见的人；成为勤写书信的人；成为乐意打扫厕所的人；成为善于打电话的人；成为吃饭速度快的人；成为花钱谨慎的人；成为会打算盘的人；成为能够撰写简要工作报告的人。他要求所有的弟子每天都进行背诵，及至深入到每个人的灵魂和血液之中，并以此为永久的座右铭，因为这 30 条被秋山视为"一流之根"。

"秋山木工"的"匠人须知 30 条"，看起来都是很平常的行为和习惯，没有一条直接关涉木工技术，却成为秋山培养一流匠人的灵魂。秋山认为，"无论技术多么优秀，但仅仅只有技术，将很容易被超越，而精神无法被模仿，如果精神一流，技术肯定是一流；可以做出让人感动的东西，要有一流的精神才能做得到，不是培养技术优秀、会做事的工匠，而是要培养拥有优秀技术、会好好做事的一流匠人"①。很显然，"秋山木工" 30 条的落脚点就在于如何做人，生活中的一些"琐事"即做人，其中就包括了待人、待己、待事、待物、待财之事，点点滴滴，零零杂杂。若能日日践行，历久磨砺，就能止于至善，成为一个具有良好品质的人，而这些通俗至极的道理不正是高等职业教育的"成人""成才"过程中最需要特别明晰的吗？不正是高等职业教育的教学内容改革过程中最需要慎重对待的吗？

当然，在很大程度上讲，人之所以立足于社会，不仅在于自身修养的凝练与提升，实现人与人之间的顺利交往，展现个人对于社会的价值以求得相应的社会地位与报偿也是一个重要的外在价值目标。通过"六艺"训练的孔门学生，游历于列国，成为以"修己以安百姓"为使命、维护统治阶级利益的官吏。柏拉图的"四艺"也为人成为军人、哲学家、君主提供了必要条件。大学

---

①秋山利辉. 匠人精神：一流人才育成的 30 条法则 [M]. 陈晓丽译. 台北：大块文化，2015：135.

的博雅教育或通识教育内容不仅仅关注人本身的发展，它们还同样关心作为社会合格公民的养成。经过秋山木工磨砺心性的八年研修，作为一名合格工匠所应具备的全部素质已经养成，从第九年开始，秋山就让弟子们独立出去闯荡世界，自立品牌，为自己、为他人、为社会工作。

前文已述，高等职业教育一方面植根于实现人的超越、整全和差异的教育性发展理念，培养学生成为好人和合格公民，另一方面是把学生培养成为在工作岗位上具有较高素质的劳动者和技术人才，以便为工作标准的职业发展理念和劳动市场的发展需求服务。很显然，高等职业教育同样需要关注"成人"和"成才"的内、外价值，由此，落实在教学内容的改革上，必然呈现出从"知本"到"人本"的价值取向，必然呈现出以"成人"为核心、成人与成才相融合的趋势。

二、解构与重构：教学内容改革的策略选择

那么，在教学内容的改革过程中，如何实现从"知本"到"人本"的变化以及成人与成才的融通呢？我们以为，利用现代互联网的用户思维、大数据思维、平台思维以及跨界思维，按照"解构工作"和"重构学习"的理念进行课程建设是比较恰当的策略选择。课程建设是对学生系统进行专业领域的学习过程进行总体设计，创立课程各要素的构件（设施、文档……）、充实其内容（标准、知识点……）、凝练其精神（理念……），并整合运用实施，达到学生知识、能力、素质培养目标的一切活动之总和。主要从课程体系构建、教学内容改革和教学方式创新等方面来对课程建设中教师和学生中存在的问题展开讨论，而在这一节侧重从"教学内容改革"来探索和讨论。

（一）课程建设的主要思路

1. 课程内容的标准化

"工学结合"的教育理念指导着高等职业教育的课程建设，课程内容要有针对性和实用性地与工作相结合，而这里提及的针对性和实用性并不仅仅是为特定的职业而对人进行的高度的技能训练，它的立足点在于，青年能在职业的多变性中获得坚实的基础而不是机械性的技艺，以更好地适应未来的职业生活和继续教育。所以，课程内容要根据职业核心能力的因素进行，而不仅仅是针对特定工作所应该拥有的技能。

要想使课程内容具有针对性和实用性，就要将课程内容标准化，而我们所说的标准化是行业企业成熟工作的标准，而不是传统中的教材标准，站在学生学习的角度来说就是学生学习的目标。要以学生将来的工作和发展为依据来确定课程的内容，必须要根据不同产业机构制定出不同的产业领域的能力标准，基本内容应是各行业企业现在最成熟的技术、规范和流程。

2. 课程内容的教育性

课程内容除了具有针对性和实用性，还要融入德性养成的素质，比如，做人处事最基本的态度，如礼仪、尊敬、谦虚、执着、感谢、关怀、通达等，这每一条都能磨炼人的品格和心性，而不只是看起来简单有道理。

从"秋山木工"的学徒来看，以前放学后，觉得父母所做的一切，包括提供温暖的家、饭菜、舒服的床、洗衣、做饭打扫都是理所当然，但在"秋山木工"，父母所做的一切都得由学生自己完成。于是，学徒们对父母的态度便会有很大的改变，他们非常感谢父母为他们做的事情，理解父母的良苦用心，体会到"原来父母是这么为我着想啊！"他们便会感谢父母，珍惜自己，珍惜别人。对父母没有感恩之心，不珍惜父母，就不会珍惜那些与自己没有血缘关系的人，那么就不可能成为一名优秀的匠工。在"秋山木工"虽然很辛苦，但他们会觉得很可贵，他们的生命开始发光，他们内心有着巨大的能量。

"通达"的理念是"秋山木工"极力提倡的，包括了与同事、客户、工具的相通达。通过在集体生活中锻炼基本功，培养相互帮助、彼此协作、一起克服困难的良好行为，学会建立起生命的共同体，以此促进与同事之间相通达；通过在客户的角度上思考问题，为客户精打细算，满足客户的需要，按"合同"制作让客户满意的家具，实现与顾客相通达；在制作家具的过程中要小心使用工具，爱护制作工具、感恩制作工具、尊重制作工具，从而达到与工具的相通达，把工具作为自己身体的一部分，让工具直通人心；与制作的家具相通达，就是学会把制作家具当成自己养育的孩子，念兹在兹，物我一体，做到心里有什么样式，就制作成什么样式，人有什么品质，家具就有什么品质。无论做任何的工作都有一项"技能"，要实现"通达"的唯一方法就是一边挥洒汗水的努力，一边通过锻炼积累经验提高自己的实力，这样才能成为一流的人才，成为一流的匠工也是如此。"通达"是具有普遍性教育意义的。

3. 课程资源的最小化

内容更新是课程建设中最重要的方面之一，所以课程建设要有不断更新内容的动力机制，同时要最大限度地减少更新内容的成本，就要根据以往精品课程建设框架的最基本资源（课件或者视频）的整体性特点进行更新。事实上，课件包含了知识点、案例等很多要素，把每节课的课件分解成一个个概念、原理、方法、项目等，课程建设的基本单元就以这些细分的资源做内容，就会达到"资源最小化"，更新的成本也会明显降低。

4. 课程应用的模块化

现代互联网信息技术的优势也是课程建设必须充分发挥和运用的。互联网提供的个人建设课程类似于网络学习空间平台泛在的"互联功能"，所以只要有网的地方就能简单地联系在一起。要建立一个机制引导教师方便快捷地使用自己课程资源的同时，也要更好地利用互联网上的教育资源，把教学资源用一张图或者一张表整合在一起，这样能使得组织教育资源进行课程教学更加的方便简洁。

（二）课程建设的主要做法

1. 课程资源选取方式的实用化与生活化

将工作分为主观要素（知识、能力、素质）和客观要素（对象、条件、环境）是对普通高等教育学科基础课程体系的突破，根据工作任务和工作过程的基本要素，以核心能力为出发点，按"解构与重构"的理念来划分教学内容。因此教学内容的确定依据是"主观要素"；选择案例、教学方式方法、训练内容以及实践教学指导参考的是"客观要素"。（参见表5-1）。

表5-1　内容实用化与生活化、资源碎片化与颗粒化示意图

解构工作					
工作任务（项目、问题……）					
主观要素			客观要素		
知识	能力	素质	对象	条件	环境
内容要素			情境要素		
概念库、原理库、方法库……			案例库、训练题库、教学方式、设施……		
重构学习					

从图5-1可知,教学内容按工作规律进行解构的形式有各种各样,包括按任务解构、按项目解构等;按认知规律重构的形式也是多样的,从易到难到综合推进的过程都是从逻辑方面来说的,串行式、放射式等都是从形式来说的,任务主线、行为主线等则是从内涵方面展开的。

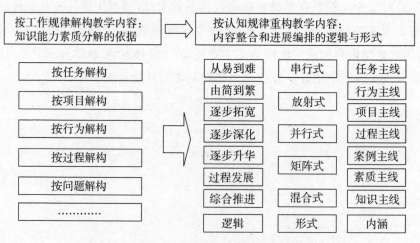

图5-1　解构工作重构学习的操作选择示意图

2. 课程资源呈现方式的碎片化与颗粒化

将原来的 PPT 打碎，教学基本资源以知识点为单位制作 5～10 分钟时量的图文并茂的小文档，例如 Word、Flash 或者 Powerpint。或者把视频嵌入 Excel 表中做成图、文、视频混合的案例，然后把上传到学习空间平台的资源进行分类管理，从而形成网络教学的资源库，这一过程是依据"打碎、简约"的理念。这里的资源库可分类为概念库、案例库、视频库、方法库、原理库、训练题库等颗粒化资源。（参见表 5-2）。

表 5-2　课程教学资源规划表

单元名称	教学内容	教学目标	课程资源												
			系统化资源					碎片化资源					其他资源		
			教学文件		教学导航		教学视频	概念	原理	方法	案例	微课视频	指导	试题	
			课程文件	讲义	表格教案	微课地图									

3. 课程资源集成方式的微课化与表格化

实现教师实施课堂教学和学生自主学习要根据"泛在、集成"的理念，

通过超链接把有用的教学资源系统地集成到表格教案、微课地图等导航图表。（参见图 5-2、表 5-3）

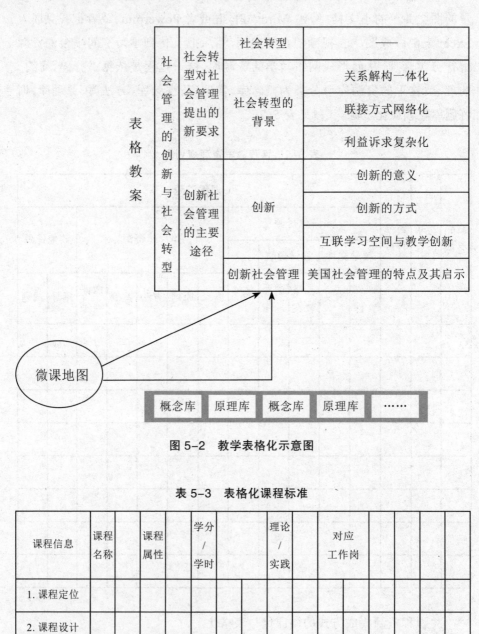

图 5-2　教学表格化示意图

表 5-3　表格化课程标准

课程信息	课程名称	课程属性	学分/学时		理论/实践	对应工作岗			
1. 课程定位									
2. 课程设计									

续表

3.教学内容及教学要求确定的依据										
序号	工作任务		实际工作能力解构						教学内容及教学要求	活动设计	参考学时
			主观要素			客观要素					
	任务	细分	知识	能力	素质	对象	条件	环境			

4.课程资源建设任务(资源规划)															
序号	碎片化资源						系统化资源					其他资源			
	概念	原理	方法	案例	微课视频	动画	教学设计	教学日历	讲义	表格教案	微课地图	学习指导	作业	自测题	模拟试卷	考试标准

5.课程目标	总体目标		
	具体目标	知识	
		能力	
		素质	
		方法	

6.教学条件	教师任职条件	专职	
		兼职	
	实践教学条件	场所	
		设施	
		规范	

续表

7. 教学方法与手段	教学方法	
	教学手段	
8. 课程实施		
9. 课程考核		
10. 学时建议		
11. 实施建议		

（三）课程建设的主要创新

1. 创建以知识点为单位的颗粒化课程资源建设方式

以往传统的一节课上百张的 PPT 和整节课全过程教学视频由现在的几分钟的小 PPT、嵌入式案例和微视频所代替，这不仅仅在传统课程网络教学资源方面很好地解决了不利于灵活使用、快速更新和泛在学习的问题，即传统的整体建设、整体上传、整体呈现的方式，而且既适于教师上课，也适于同行分享，更适于广大学生和利用“碎片化时间”学习者的泛在学习，而且资源更新成本低、更新速度快。

2. 创建简明直观的表格化教学资源的系统集成方式

教学导航方式为表格形式的教案和图系统集成课程资源的微课适应了教学应用中颗粒化网络课程教学资源建设方式的要求，同时也在系统学习、教学引导上体现了明显的优势，满足了学生在线学习中对互联网开放教学资源（如慕课）的需要，更适应了在互联网的基础上以学生为中心的教学方式的变革需求，这都是因为教学导航方式是建立在归库管理课程资源和碎片化建设的基础之上。

第三节　行为与建构：教学方式改革的互联和互通

一、从行为到建构：教学方式改革的哲学导向

"怎么教、怎么学"是高等职业教育教学方式改革要面对的基本问题之一，以什么样方式"教"、以什么样的方式"学"，才能更好地让学生内化知识和素养、增长技术和技能呢？或者说，能否找到一种最恰当的方式既充分发挥老师"教"的功效，又充分挖掘学生"学"的潜能，还能促进学生德性的养成呢？行为主义学习理论和建构主义学习理论或许能够给予我们一定的启示。

早期的行为主义者和新行为主义者认为学习者是被动的，其行为完全是由外界环境所控制的，换言之，将学习者看作是一个"空心的有机体"（当然，个别行为主义者，比如班杜拉则有限度地承认学习者这个主体在学习过程中的作用）；将学习看作是个体在活动中受外部因素影响而使其行为改变的历程，即所谓的外烁论——"因行动而学到行为"[①]；将行为视作学习的内容，即学习内容主要是一系列刺激与反应之间的联结；一般都力倡强化是影响有效学习的重要因素，主张直接学习；主张教师是保证学生进行有效学习的最有力指导者，换言之，在学生学习的过程中，教师扮演着举足轻重的主导者的角色。

建构主义者将学习看作是个体对事物经过认识、辨别、理解而获得新知识的过程，即所谓的内塑论——"由既知而学到新知"；学习活动是教师提供一定的信息，学生将信息与已有的知识结构结合，建立一个新的知识结构体系。在这一过程中，学生要对外部信息进行选择和完善，所获得的知识也并不

---

①张春兴.教育心理学[M].杭州：浙江教育出版社，1998：170.

取决于外部信息，而取决于学生将旧知识和已有的经验与新知识相结合构成的。影响学习过程的因素包括学生的背景知识、学生的具体情况、新知识中蕴含的潜在意义、新知识的组织和表现方式等四个因素，学习活动发生应具备的条件：新知识一定要与学生已有的知识结构相结合，并且能引起情绪的反应，在学习活动产生后，学生要与教师沟通、交流，在已有的知识基础上，对新知识的意义进行建构。

相比行为主义来说，建构主义着重倾向学生如何用知识积累、心理结构和信念去塑造自己的精神世界。在学习上，建构主义以学生为中心，学生根据教师讲授的知识主动建构新的知识体系，因此，教师不能一味地把知识灌输给学生，学生要积极地加入到学习中，根据自己已有的知识背景对新知识进行意义的建构，建构主义推翻了教师"讲"学生"听"的传统学习方式，更加倾向于学习方式的互动，既然知识是个体与其他个体经过沟通交流并获得统一的社会建构，那么，学生进行学习就必须要沟通、交流，每个人提出自己的观念，在相互质疑辩证中，从不同的角度了解问题，从而获得解决问题的办法，建构知识体系，获得完整的科学知识。在教学上，建构主义可以概括为：教师只是教学过程的组织者、指导者和管理者，以学生为主体，根据学习环境激发学生的主动性和积极性，使学生完成对新知识意义的建构。反映在教师的地位与作用上，教师应该为学生创建良好的学习环境、组织和指导学生的学习、开发新的课程、管理知识、促进意义建构，教师也应该是学生的学习顾问，帮助学生解决学习问题。现在的教师不同于传统的教师，要转变自己的角色位置，教师要由主体地位变为主导地位，由"演员"转变为"导演"，这并不是说教师不重要，只是说教师起作用方式变了，不再是知识的灌输者。教师要在课下做更多的工作，要精通教学内容，还要对学生加以了解，掌握学生身心发展规律和必要的信息技术，提供教学资源促进学生知识意义的建构，从而在学习上提供一定的帮助和指导。

从行为主义发展到建构主义，人们意识到在认识的过程中是根据自己已有的知识经验，以自己的方式赋予新知识意义，所以可以看出，认识不是来源于知识本身，而是来源于客体和主体的相互作用。另一方面，是对传统教育教学的一场革命，建构主义学习理论强调的是以学生为中心，以学生为主体，激发学生的主动性，让学生在已有的知识背景上建构知识，尊重个体差异，充分发挥学生的主观能动性。这一点正好与时代发展对高等职业教育人才培养规格提出的新要求相契合。2015 年 5 月 8 日,国务院在《中国制造 2025》中明确提出,建设制造强国,必须突出创新驱动,提高国家制造业创新能力,必须实现中国制造向中国创造的转变……"创新"与"创造"这两个关键词对于高等职业教育而言,意味着以往那种通过反复训练、不断模仿而获得娴熟技能的"外烁"教学方式,终究要逐步走向能够培养学生具有创新精神、创造能力和批判思维的"内塑"教学方式。

需要说明的是,从"行为"走向"建构"并非不加思考地舍弃行为主义学习理论中积极的因素,站在价值中立的立场,行为主义对于学生初级学习阶段获取知识确定性、普遍性的基础以及形成分析和抽象的思维方式仍然发挥了至关重要的作用。

"秋山木工"推崇的"守、破、离"可以生动形象地说明"行为"与"构建"之间的关系。"守、破、离"的原型源于世阿弥的教导,世阿弥是日本传统戏剧"能乐"的开创者,起初世阿弥一直守护着师傅传授的形式,但后来他打破了师父的传授形式,自己加以运用和创新,有了自己的新成就。

"守"是在跟着师傅修业就开始了。在起初阶段,师傅说的事情都要回答:"是,我明白了。"师父所传授的知识要尽全力地去学习,要建立一个匠工该有的良好的心理素质、生活学习的态度等。"破"是指把师父传授的知识转化为自身的本领,同时把自己的想法与师傅的形式相结合,打破师父固有的形式。"离"是指要从师父的形式中独立出来,开创自己的新境界。"秋山木工"的工匠从第九年开始独自迈向自己崭新的路程。

二、互联与互通：教学方式改革的实践意蕴

从"行为"到"建构"的适时转变,可以说就是学习者主体性从"弱"到"强"的转变,在很大程度上讲,这意味着人们对教学的认识已经从机械化的训练和被迫强化的灌输的方式走向了重视学习者意义的建构过程和个体价值,这也明确了高等职业教育教学方式改革的方向,也似乎能够与高素质技术技能人才培养的"守、破、离"相契合。然而,高等教育大众化的潮流不可逆转,2020 年全国高等职业院校招生数量为 483.61 万人,在校生达到了 1480 万人,占据了高等教育的半壁江山,如此庞大数量的学生的教学几乎不可能

复制"秋山木工"那种传统意义的学徒制形式，那么，我们是否有能力寻求到一种教学方式，既能满足数量需求，又能恪守"守、破、离"的精神内涵？

前文已述，一方面，得益于体现为多元、平等、参与、联结、跨界、协作、共享和共赢等特征的互联网思维与教学思维的异质同构，在高等职业教育教学的实践中，出现了与多点联通、跨界链接、平等参与、一体共享、协作多赢相匹配的网络辅助和互联网直接面向学生的传授方式，这能够克服时空限制，解决学生数量庞大的交互学习问题；另一方面，互联网学习不可避免地会呈现单个的、分散的、原子化的特征，这些特征甚至在很大程度上导致了高等职业教育"成人"功能的弱化。似乎，互联网也不能从方式上有效地兼顾高等职业教育"成人"与"成才"的目标诉求？其实不然，我们以为，参照前文介绍的长沙民政职业学院的实践探索，将网络学习空间平台（当然也可以利用其他网络平台）与课程教学创造性地结合在一起形成一种新的方式，就能够比较好地解决这个难题。

（一）创建"课堂翻转化"的教学组织方式

依托网络学习空间平台，按照"翻转课堂"（课外传承、课堂内化）的理念加入新的教学方法，包括空间展示、资源分享、空间－PBL、空间－预约制等，将各种学习资源延伸到课堂之外，打破了标准化的教师控制性强的单线传输课堂，学生对本部分知识的学习时间自由，可以在课堂外的任意时间进行，而"探究性学习"，包括答疑解惑、自主实验、讨论更深入的问题等，主要在师生面对面的课堂时间来完成。

这些新的教学方法加强了师生间的沟通，使学生主动积极地思考与复述所提供的课前知识，使得在课下学生对知识的理解掌握尽可能地完备和详细。教师指导学生的活动扩展到课程学习全过程，师生之间面对面深层次交流的时间和机会更多了，这也是对传统课堂教学人与人交流时"面对面的有用性"和价值的强化，教师不再是高高在上的传输者，而是变成了学生学习的重要引导者，有限的课堂成为知识、技能和素质内化的场所（参见图5-3、表5-4）。因此，在很大程度上，"翻转式的课堂"并不是一种"新"的教学方式，也不是对传统课堂教学的颠覆，而是进一步证明了"传统课堂教学中师生之间面对面的人际交流和其中蕴含的情感交流是任何技术手段所无法替代的"，2000年，当时美国有一位在职学生正在通过网络攻读会计学硕士学位,环球时报转述了他对两种教育环境的体会,"我很怀念课堂讨论和教授之间的直接交流,我认为老式的砖瓦学校会屹立不倒,因为那种教学方法仍然有效。"①

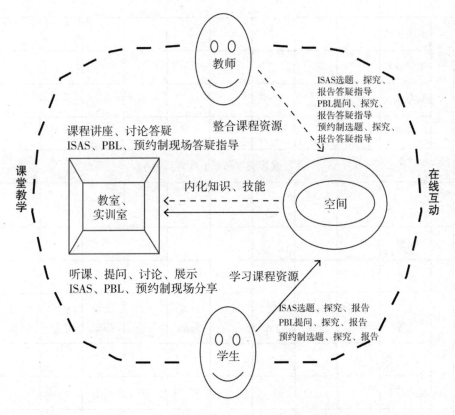

图 5-3　课堂翻转化、互动多样化示意图

---

①樊霞.点击鼠标"举手提问"不进教室便拿文凭网络大学还真不错[N].环球时报,2000-05-26(14).

表 5-4　网络资源课程教学设计表

设计依据											
设计理念											
学习成长支持系统	实施手段										
	知识成长										
	能力成长										
	素质成长										
学习成长实施路径（教学日历）											
	安排										
	状态										
学习成长评价系统	考核要点	上课考勤	空间交流	课堂讨论	探究问题	技能训练	学习报告	成果分享	复习总结	自测、考试	
	知识成长										
	能力成长										
	素质成长										
	分值										

（二）打造"互动多样化"的教学互动方式

有国外学者指出探究性、合作性的学习方式缺乏教师对学习过程的指导。美国学者杜威曾经指出，"单纯的活动，并不构成经验。……当行动所造成的变化在我们自身的变化中反映出来时，这样的变动才具有意义，我们就学到了一点东西。"也就是说，只有正确反馈的经验才具有教育意义。比如学生在 ISAS 教学中组成团队共同完成项目,教师认为团队完成了项目就培养了学生的团队精神和合作的能力,而能给予正确反馈的是项目完成的优劣,但由于教师缺乏过程性的指导和参与以及其他的因素影响,所以对于团队中的各成员是否精诚合作,教师大部分情况下都是根据项目完成的优劣来判断的,因为很难得到正确的反馈。在"互联网＋"条件下,过程性指导的缺失正随着教学方法的开放、共享、融合而得到有效的改善。

在教学过程中,我们可以根据"互联互通"的理念,采取空间留言、回复群组发帖、回帖、空间私信等多种形式进行师生空间和空间的平等互动,在网络学习空间中嵌入微博,满足了解师生间、生生间及时的交流和讨论,在很大程度上提升了学生对知识、能力、素质内化的效果。(参见表 5-5)。

表 5-5　教师组织学生运用空间 -ISAS 学习方式进行学习评价表

评价指标	评价等级及内涵说明		
	A	B	C
设计	选择空间 -ISAS 经过精心设计,符合教育教学的基本规律,符合学生的实际情况,符合课程内容结构和学生能力结构的要求,符合教学成本的基本要求	选择空间 -ISAS 经过设计,符合教育教学的基本规律,符合学生的实际情况,符合课程内容结构和学生能力结构的要求	选择空间 -ISAS 符合教育教学的基本规律,符合学生的实际情况,符合课程内容结构和学生能力结构的要求
选题	提出的选题指南经过精心设计,符合课程内容结构的要求,具有可问题化、可探究性,并对学习成果有提前的预期和风险应对措施	提出的选题指南经过设计,符合课程内容结构的要求,具有可探究性,并对学习成果有提前的预期	提出的选题指南符合课程内容结构的要求,具有可探究性
组织	整个空间 -ISAS 学习过程经过教师的精心策划,在分组时有合理搭配,在选题时有正确引导,在探究、呈现、集成、互动时有及时帮助,在分享时有很好的氛围	整个空间 -ISAS 学习过程经过教师的策划,分组搭配比较合理,选题、探究、呈现、集成、互动能够给学生较好的帮助,分享汇报会秩序较好	分组搭配比较合理,选题、探究、呈现、集成、互动能够给学生较好的帮助,分享汇报会秩序较好

续表

评价指标	评价等级及内涵说明		
	A	B	C
指导	选题能引导学生正确地提出探究问题，分组能引导学生发挥个性并相互学习，探究过程对信息搜集和分析的指导正确有效，对学习报告的指导能形成较多有价值成果，对学生利用空间进行集成、互动能够及时进行有效的帮助，在分享时能进行科学地点评使大多数学生受益	选题能引导学生提出问题，分组能引导学生发挥个性，探究过程对信息搜集和分析的指导有效，对学习报告的指导能形成有价值的成果，对学生利用空间进行集成、互动能够及时进行帮助，在分享时的点评使更多学生受益	选题能引导学生提出问题，分组能引导学生发挥个性，探究过程对信息搜集和分析的指导比较有效，对学习报告的撰写能够提供总结和写作的指导，对学生利用空间进行集成、互动能够进行都助，在分享时的点评让学生受益
创新	对空间-ISAS的要素进行了有成效的重组，形成了内容、方式、评价方面的创新，产生了明是的效益	对空间-ISAS的要素进行了有益的重组探索，在内容、方式、评价方面有新的改进	在实施空间-ISAS教学中积极进行创新实践。在内容或方式或评价方面有所改进
效果	90%以上的学生通过空间-ISAS学习，达到了对课程内容的较好掌握，在学习能力、协作能力、表达能力、创新伦力等方面都有进步	70%的学生通过空间-1SAS学习，达到了对课程内容的较好掌握，在学习能力、协作能力、表达能力、创新能力等方面都有进步	50%的学生通过空间-ISAS学习，达到了对课程内容的较好幸握，在学习能力、协作能力、表达能力、创新能力等方面都有进步
呈现	整个过程都适时地使用了教学空间，使整个学习过程能够得到很好的真实反映	在探究、呈现、集成、互动等方面适时地使用了教学空间，使整个学习过程能够得到真实反映	在探究、呈现、集成、互动等方面使用了教学空间，使整个学习过程能够得到反映

第四节　甄别优劣与激励提升：教学评价改革的开放和包容

一、从甄别优劣到激励提升：教学评价改革的功能嬗变

从成人与成才整合的角度来看,高等职业院校学生的发展不再是满足行业企业当下的功利性与功能性具体岗位需要,也不是空泛意义的知识积累与素质提高上的个人需求,而是以其综合职业能力的发挥参与并推进行业企业发展战略的实施并实现其个人职业生涯的发展,将社会需要和个人需要在更高的层次进行结合,这是整个高等职业教育教学评价的真正价值所在,教学评价功能的发挥其实是高等职业教育自我完善的重要机制,是高等职业教育人才培养质量的现实表达。

以教学评价来促进学生的职业发展,实现学生个人、行业企业和社会对其学习的价值认同是教学评价的基本功能,但是,在教学评价这个基本功能上所达成的共识并非一开始就有。从教学评价发展的历史过程来看,追求教育性是从着重追求工具性转变而来,价值多元化是从追求价值中立和强调价值负载的转变而来,强调促进学生最大可能发展的内在价值是从注重鉴定和选拔的外在功利价值转变而来,而兼顾社会发展的长远利益是从追求当前利益转变而来,这些转变都是在价值上的选择。

高等职业教育是以一种特殊的组织形式存在、延伸和发展的,这个组织由于其构成要素的复杂性、任务的多重性以及与社会联系的紧密性而成为一个综合的系统,教学评价是其实施目标管理、质量管理的重要环节,衡量高职教育目标的实现与教学质量水平都必须借助教学评价这把尺子,通过评价活动,一方面服务于管理者的决策,另一方面,促进了高等职业教育更加规范、科学、合理、有效的管理,所以,教学评价从功能上来源于一种管理手段的发展是不可否认的,"工具合理性"是教学评价的明显性质,但若按高等职业教育的"成人"通有本质来排列教学评价的价值序列,教学评价的价值根源

还在于它的"促进个体生命成长"的教育性，教学评价应是一种充满教育性意义和教育性精神的价值行为，"教育的"价值是教学评价活动的出发点和归宿，教学评价若忽视成长的目的和激励的教育性质，那教学评价的合理性也就不存在了。

而在高等职业教育实践中经常将管理的功能、甄别的功能、选拔的功能作为高等职业教育实践中教学评价最基本的功能，有时候甚至会作为教学评价价值根源的主导，"为了选择适合教育的人"是教学评价的目的，教学评价的着重点在于测量和筛选，对评价对象的优劣区分则是教学评价的结果。在一定程度上来说，用教学评价来甄别优劣，会消解评价本体存在的意义，会失去人的主体性，也会消解人的发展和教学的进步，最后就只剩下对僵硬的"评价"和"评价指标"的追求。但从另一方面来说教学评价中的甄别、选拔和管理的功能是必不可少的。当人文性位于工具性之下，教育性被管理性所超越，评价本身成为目的时，教学评价就失去了提高教学质量、促进个体发展的作用。

那么，怎样凸显教学评价的激励性和导向性作用，实现教学评价的功能从单一的"甄别优劣"走向多样的"反馈、改进、强化、导向、激励、提升"，真正使教学评价成为高等职业教育"成人"与"成才"融通的推进因素呢？

首先，以先进的理论指导教学评价实践。20 世纪 80 年代，美国印第安纳大学教育学院的库巴（E.Guba）教授和韦德比尔特大学高等教育副教授林肯（Y.S.Lincoln）在批评以往评价理论的基础上，提出了第四代评价理论。他们认为，前三代评价理论存在下列不足之处：一是"管理主义"倾向，表现为评价者与被评价者两者间的不平等地位，排除了评价对象和其他一切有关的人，导致评价工作不够全面和深入；二是忽视了价值的多元化，在评价过程中只有评价者的价值观被作为评价的唯一标准，忽视了价值在评价中的作用，因为各文化背景的"价值差异"从而导致评价很难被接受；三是对"科学范式"和"数的测量"评价方法过度地依赖，导致对背景因素、评价过程缺乏灵活性、定性评估方法不足的忽视。

"第四代评价理论"针对传统评估理论的不足，更加重视评价中对不同价值体系存在的差异进行协调，并将其视为评价工作的关键问题。"第四代评价理论"提出了"共同建构""全面参与""价值多元化""评价中的伦理道德问题"等观点。在评价功能上，"第四代评价理论"认为，教育评价的功能是多元的，不仅要甄别优劣，更要促进发展。高等职业教育的教学评价实践中，发展性和教育性作用是最重要的，任何教学和教育管理活动的终极目标都是为学生的成长服务。教学评价的最终目的是为了学生更好地学习，提高教学质量而提出的建议，而不是检查学生学习任务完成的多少。所以，教学评价要想为学生提供一些全面、科学的意见，帮助学生发现自己在学习中的优点和缺点，促进学生能够不断地完善和改进自我，就要充分利用教学评价的教育性和发展性作用。

其次，改变以终结性为主导的评价，进而重视诊断性和形成性评价，并走向发展性评价。评价方式方法上，"第四代评价"带来了许多新颖的观点和新颖的看法，"应答性资料收集法"和"建构主义方法"是"第四代评价"采用的评价方法，它的主线是"回应—协商—共识"，它提倡的是一种民主评价的精神和加深认识、改进工作和促进发展而评价的方式方法。

终结性评价又称总结性评价，是一种需要革新的评价方式，通常是在一门课程或者教学活动结束之后而进行的教学评价，是对一个完整教学过程进行测定，具有很高的概括性和总结性，但评价次数较少，一般教学活动以最后的检测结果为依据，全面性较低。这种评价只用于评定和选拔，以最终的成绩为依据作出奖励或者惩罚。终结性评价的缺失在于没有对未来教学的发展和改进提供关注和可靠信息，忽视了一定时期内学生在不同时间的变化发展状况，使得评价结果往往有失偏颇，不够客观公正。

在终结性评级的基础上形成了诊断性评价和形成性评价。其中诊断性评价是指了解学生的学习基础和个体差异，根据评价结果确定教学起点，安排教学计划；形成性评价是指通常在教学过程中实施，一般由学生完成一些与教学活动密切相关的测验中教师对学生的学习情况进行监控与评价，从而提供反馈，将收集到的信息进行整理来调整教学，以满足学生的学习需求，提高教学质量。形成性评价对于学生学习全面的提高和缩小学生间成绩差距上有很大的帮助。

发展性评价则是对诊断性评估和形成性评估的综合与丰富，是实现教学评价"激励提升"功能的最有效方式，它的目的是要最大限度地、全面地促进学生的发展，教学方式上发现并选择一切可行的，为学生创建一个良好的教育环境，形成适合每个学生的教育。与终结性评价相比较，发展性评价在全面性、过程性、主体性和技术性等方面体现了明显的优势。从评价手段、内容和对象上来看，终结性评价注重定量评价和结果评价，主要内容是量化性的知识，非量化性的知识都被排除在评价之外，过于片面地追求量化，并且终结性教学评价的主要对象是知识，排除了人的价值，价值取向单一。而发展性教学评价强调的是质的分析，以有个性完整的人作为评价对象，一切对于人的成长与发展有意义的事物都成为发展性教学评价的内容，通过发展性评价促进学生个性的充分发展。终结性评价忽视了学生在整个教学活动过程中的起伏变化，发展性评价则积极倡导质性评价和过程评价，评价学生的进步过程、努力程度、反省能力和发展的理想模式，发展性评价体现出对学生学习规律的把握，也尊重和理解了在教学中以人为本的思想。

从评价主体方面来看，在终结性教学评价中，学生只是被评价的个体，评价权掌握在教师手中，学生没有主动权和参与权，以至于学生不能更好地自我评价，容易导致学生对教师的依赖。而发展性教学评价具有民主性和激励性，尊重学生的人格，相信学生的能力，关心学生发展，让学生在参与评价中培养自我评价能力，让学生发展成为一个独立自主的个体。从技术和平台的角度看，终结性教学评价很难适应现在的教育和学生的需要，不能全面地反映学生的各种发展状况。更能适应时代需要的是发展性教学评价，它能更好地对学生进行全面、综合的评价，促进学生的全面发展，因为它是在互联网信息技术的基础上，建立了数字化、信息化、智能化的教学评价平台，这个平台能体现出现代教育理念，符合学生的发展需求。

二、开放与包容：教学评价改革的实践品性

“开放”注重的是一种思考问题的视角，其意旨就是要重视各种观点的表达，要理解各种意见的价值，要尊重不同观念的分歧，要以开阔的心境与精神，共同关注和讨论高等职业教育在教学评价的改革和发展中存在的一系列问题，并基于现实中高等职业教育“成人”与“成才”的共同目标，释放智慧，形成共识。

“包容”强调的是一种对待高职教学评价的心态，其根本在于要创设各种开放、自主、探索、创新、多元、个性、协作、联系、互动、和谐的高职教学评价氛围与空间，让学生在轻松愉悦中达成深思熟虑与率性而为的完美合一，让

学生在兼容并包中实现成人与成才的融会贯通。

那么，如何实现高等职业教育教学评价实践的开放与包容？我们认为，利用互联网信息技术与互联网思维来思考与解决教学评价的问题，给高等职业教育带来了全新体验。实践证明，在基于互联网的智慧环境中，网络课程、翻转式课堂、大数据技术，给予教学评价理念的更新、教学评价模式的创新与教学评价应用的便捷等带来了无限的空间和可能。

以往评价和检测学生对教材知识和教师上课所讲内容的掌握程度，只是根据学生的作业或者试卷答案与所谓的标准答案相比对，判断正误，然后评分，这是传统的教学评价。传统教学评价主要分为根据主观和客观两种题型形成了主观和客观两种不同的评价模式。这种传统评价模式的弊端在于学生是消极的"被评价者"，教师的评价工作更是枯燥重复的劳动，就像工厂里流水线上"标准件"的生产的评价一样。而在网络课程化（比如，慕课、微课）、翻转式课堂等教学方式中，学生已经不再是被动者，学习也不再是"被动式"，追求的是"以学生为中心"，充分发挥学生的主观能动性，让学生成为学习的主人，激发学生的主动性和创造性，从而提高教学质量。

由此，高等职业教育的教学评价观要从"封闭排斥"的教师主导型转变为"开放包容"的学生自主型。学生从"被评价者"到"评价参与者"的转变，使学生成为学习的主体，激发了学生的主动性，所以很有必要在"互联网+"时代的基础上对评价内容、方法和形式进行改革，建立新的评价技术方式。

现在的评价内容不仅要评价学生对所学知识的理解掌握程度，更要评价学生所学知识在生活中的创造性运用，由此可见，在评价内容上超越了传统教学死记硬背的单一评价模式。"互联网+教育"在学习评价上的突破与创新在于将学生由被动转化为主动的状态，从"消费者""倾听者"和"享有者"变为课程建设、评价和管理的"参与者""消费者""享有者"，在学生创造性学习成果展示和共享中得到自我评价与团队的评价，一方面学生成为主体，能有效激发学生学习的热情和动力，另一方面也将教师从枯燥的"流水线"中解放出来。

在评价方式方法上，注重个性化体验，采用多元化评价，突出学生自我评价的方式。罗素提出："我们知道的太多，却体验得太少。至少我们对一种美好生活所产生的那些创造性冲动体验得太少。重要的原因在于我们是被动的，即使我们是主动的，我们也只是在琐碎的事情上主动。要想把生活从只能由灾难来缓解的无聊状态中解救出来，就必须找到恢复个人主动性的手段，不仅在琐碎的事情上，而且也在重要的事情上。"①每个人的灵魂深处都有一种极致的独特性和不可替代性，不同个体的学习体验都是独特的、不能取代的，若学习体验不能激发学生的自我认识，那这种学习体验就只能算是知识或技能的教育。而这种教育没有学生主体主动地参与和内化，不能使学生自我认识，对学生的学习和成长起不到任何的帮助。只有学习主体发挥主观能动性自主地去参与、观察和体认事物时，才会建构起学生的自我体验和认识。在教学评价中，一般都是以学生自评的方式，评判自己在学校丰富多彩的教学资源中学到什么、想到什么、获得了什么，促进精神层次的提升和人格的升华，实现教学与学生成长过程的融合，这种方式不仅激发了学生创造的热情，也增强了教学的人文意义和生命价值。

为个性化自我评价和多元化评价做技术支撑是互联网的开放、便捷以及大数据技术。在非互联网条件下基于教师、学生、社会、利益相关者的多元化评价，较传统的教师单方面评价学生有了很大进步，但也存在显而易见的缺失，评价的主体数量极其有限，评价体系也相对封闭，由有限的数据得出的结果与真实情况之间存在难以克服的偏差。互联网大数据技术有效地解决了这一难题，大数据技术很大程度上克服了传统教学评价难以收集评价依据和评价信息单一化、片段化的问题，不但可以全过程、全方位采集教学数据，而且还可以收集考试之外的情感因素、心理倾向、实践能力等非结构化数据，从而支持综合、系统化的评价，使教学评价的内涵和功能得到拓展；与此同时，要想实现个性化与差异化的教学，就要明晰他们在哪个阶段遇到困难、偏爱哪种学习方式并花费的时间较长以及最佳学习的时间段，就可以通过互联网平台上海量学习过程产生的数据监控、跟踪、记录学习者的学习轨迹，进行数据分析，建立数据模型，发现他们学习规律与学习行为之间的逻辑关系，评判学生未来的学习能力和可能遇到的困难，有针对性地提出建议。

---

①伯特兰·罗素.权威与个人[M].北京:商务印书馆,2010:51.

结语 —— 走向完整的成人：不忘教育的
初心和本分

　　成人与成才的疏离、博弈与融通等问题在不同的时期以不同的形式、不同的程度存在于不同的教育类型之中，只不过在高等职业教育这种类型中表现得更加突出。

　　高等职业教育作为实现教育公平和社会公平的最重要的教育类型之一，在功利性的"成才"价值方面具有外在的规定性和内在的自觉性。2018 年《中国高等职业教育年度质量报告》的统计数据表明，高等职业院校的毕业生有超过一半是来自农民与农民工的家庭，超过 90% 的毕业生是家庭第一代大学生，他们不仅希望通过接受高职教育来获得人生出彩的机会，甚至还承载着改变家族命运的重大责任，谋求一份与自己学历、能力、素质相称的职业当然是他们最朴质的目标诉求和最首要的学习动机。高等职业教育必然要对这一诉求和动机进行即时、有效、积极的回应，衡量教育功效和人才培养质量的所谓"记分卡指标"自然包含就业率、月收入、职位晋升等功利性的器物内容，而人性的卓越、人格的健全、情感的充沛、想象的丰富等非直接实用的教育价值则让位于日常功利，若隐若现在"职业"和"实用"的背后，进而被集体无意识地淡忘，乃至遗弃。

　　不同于西方文化形上意义的"思辨理性"和亚里士多德倡导的"沉思生活"，中国历来就是一个崇尚"实用理性"的国度，李泽厚认为，"'实用理性’是指将理性引导和贯彻在日常生活、伦理感情和政治观念中，而不作抽象玄思”。受“实用理性”的影响，中国人更注重世俗日常生活的幸福和完满；孔子在回答子贡何为仁时曰，“工欲善其事，必先利其器”，形下意义的“器物”成为中国民族的文化——心理结构的重要组成部分，并且集体无意识地保留下来。

在表象上体现为职业性、实践性和实用性的高等职业教育，当然会被很多人当成是一种以“器物”为主的“成才”教育。2016 年 10 月，笔者在全国高职高专校长联席会议年会的“从示范到优质：回顾与展望”分论坛上，亲耳听到能够很大程度决定中国高等职业教育政策走向的某些专家强调，“围绕‘职业’的高等职业教育，而不是围绕‘教育’的高等职业教育”，“高等职业教育的常识和本分是‘使无业者有业，使有业者乐业’”，“高等职业教育的灵魂和初心是培养高素质技术技能型人才”，“高等职业教育的改革发展的主线是产教融合”，显然，高等职业教育的“成才”呐喊声依然在改革的前台振聋发聩，而“成人”则还是“犹抱琵琶半遮面”，我们必须承认，“职业”“有业”“乐业”“技术技能人才”和“产教融合”对于高等职业教育的发展至关重要，是高等职业教育“成才”这个特有本质和功利价值的主要体现，但是，“人的根本就是人本身”[1]，人本身就是审美的享受、精神的愉悦、心智的磨砺、人格的养成、个性的流露和灵魂的升华；如果“一个人要能完全胜任工作并充分享受工作的快乐，就应该懂得工作的社会学的、历史学的、文学的、基础艺术的各个方面”[2]，“技术与职业教育应有利于个性和性格的和谐发展，培养人的思想和价值观，培养理解、判断和分析事物及发表意见的能力”[3]，马克思、布鲁贝克、联合国教科文组织对于“乐业”和“乐生”的看法远远超越了“职业”和“技术”的范畴，不约而同地回到了“人本身”。

那么，如何在中国高等职业教育当下的情境里调适好成人与成才的关

①马克思，恩格斯．马克思恩格斯选集：第一卷 [M]．北京：人民出版社，1995：9．

②布鲁贝克．高等教育哲学 [M]．王承绪，等，译．杭州：浙江教育出版社，2002：94-95．

③俞步松．“做强高等职业教育”视野下高职院校文化素质教育的哲学审视 [J]．中国高教研究，2010(4)：87-89．

系,并使之处在一个恰当的动态平衡点上呢?本书花费了巨大心力在理念上对高等职业教育"成才"的"适应性""单向度"和"同质化"弊端进行了讨论,尝试以中西古典教育智慧突破高职教育在"成人"观念上的误区,这让看似"理所当然"的应用研究呈现出基础研究的倾向。同时,本书又建基于"互联网+"时代背景之上,试图用互联网信息技术破解高职教育学什么、教什么、怎么教、怎么学、评什么、怎么评等关键性问题,对这些问题的"技术性"解决只是浅尝辄止,事实上,本书并未侧重于通过互联网信息技术来解决"教学目标""教学内容""教学方式"以及"教学评价"的技术性问题,并不想将"互联网+"的意义仅仅停留在技术和工具本身,也不会止于手段和方式方法的变革,而是意在通过技术的变革来刺激高等职业教育思维、思想与观念的变革,促进高等职业教育整体的优化和升华。

因此,在某种程度上讲,本书的意义主要在于善意的"提醒"或"唤醒"。一方面,"提醒"高等职业教育适时融入时代的变迁,要让大家意识到,现代互联网信息技术和"互联网+"所引发的"工具变革""思维变革"已经在高等职业教育领域掀起了教育变革风暴,新的教育平台、教育手段、教育方式与方法层出不穷,比如:世界大学城网络学习空间平台、MOOCs 在线教育平台、空间 ISAS 教学模式、空间预约制教学模式、O2O 复合教材、探究课堂、云课堂、智慧工厂、直观实训、课余泛在学习、VR 沉浸学习、AR 虚拟实境学习、行为大数据,等等,这些汇集成高等职业教育的发展趋势:开放的教育、共享的教育、自主的教育、终身的教育,这种趋势不可阻挡,也不会逆转;另一方面,"唤醒"高等职业教育的初心和本分,从文明的源头与教育的原点,寻求"高贵的单纯和宁静的卓越",寻找灵魂得以安放的温情港湾。

"高贵的单纯和宁静的卓越"总是与"成人"的超越性、整全性及差异性追求密不可分,犹如一条永无止境的"天路"通向"平凡"与"无限"。

"天路"漫漫,上下求索!

参考文献

著作类：

[1]〔捷〕夸美纽斯.大教学论 [M].傅任敢,译.北京：教育科学出版社,1995.5.

[2]〔英〕约翰·洛克.教育漫话 [M].傅任敢,译.北京：教育科学出版社,1999.9.

[3]〔法〕卢梭.爱弥儿 [M].方卿编,译.北京：北京出版社,2008.9.

[4]〔德〕康德.论教育学 [M].赵鹏等,译.上海：上海人民出版社,2005.

[5]〔德〕赫尔巴特.普通教育学·教育学讲授纲要 [M].李其龙,译.北京：人民教育出版社,1989.12.

[6]〔英〕怀特海.教育的目的 [M].徐汝舟,译.北京：生活·读书·新知三联书店,2002.1.

[7]〔英〕伯兰特·罗素.教育论 [M].靳建国,译.北京：东方出版社,1990.8.

[8]〔美〕杜威.民主主义与教育 [M].王承绪,译.北京：人民教育出版社,1990.10.

[9]〔美〕杜威.确定性的寻求：关于知行关系的研究 [M].傅统先,译.上海：上海人民出版社,2005.6.

[10]〔美〕杜威.哲学的改造 [M].张颖,译.西安:陕西人民出版社,2004.10.

[11]〔美〕弗罗斯特.西方教育的历史和哲学基础 [M].吴元训等,译.北京:华夏出版社,1987.12.

[12]〔法〕涂尔干.实用主义与社会学 [M].渠东,译.上海:上海人民出版社,2009.12.

[13]〔美〕布鲁贝克.高等教育哲学 [M].郑继伟等,译.杭州:浙江教育出版社,2001.4.

[14]〔英〕纽曼.大学的理念 [M].高师宁等,译.贵阳:贵州教育出版社,2003.7.

[15]〔西〕奥尔托加·加塞特.大学的使命 [M].徐小洲,陈军,译.杭州:浙江教育出版社,2001.12.

[16]〔美〕赫钦斯.美国高等教育 [M].汪利兵,译.杭州:浙江教育出版社,2001.12.

[17]〔美〕弗莱克斯纳.现代大学论:英美德大学研究 [M].徐辉,陈晓菲,译.杭州:浙江教育出版社,2001.12.

[18]〔美〕布鲁姆.巨人与侏儒 [M].秦露等,译.北京:华夏出版社,2003.

[19]〔德〕雅斯贝尔斯.大学之理念 [M].邱立波,译.上海:上海人民出版社,2006.

[20]〔德〕雅斯贝尔斯.什么是教育 [M].邹进,译.北京:生活·读书·新知三联书店,1991.

[21] 吴国盛.技术哲学经典读本 [M].上海:上海交通大学出版社,2008.

[22] 李蔺田.中国职业技术教育史 [M].北京:高等教育出版社,1994.

[23] 张楚廷.高等教育学 [M].北京:人民教育出版社,2010.

[24] 张楚廷.高等教育哲学通论 [M].北京:高等教育出版社,2010.9.

[25]〔英〕乔伊·帕尔默.教育究竟是什么? 100 位思想家论教育 [M].任钟印,诸惠芳,译.北京:北京大学出版社,2008.11.

[26] 匡英.比较高等职业教育:发展与变革 [M].上海:上海教育出版社,

2006.

[27] 徐国庆.职业教育原理 [M].上海：上海教育出版社，2007.

[28]〔美〕詹姆斯.詹姆斯集：为实用主义辩护 [M].万俊人等编选.上海：远东出版社，2004.

[29] 石伟平.比较职业技术教育 [M].上海：华东师范大学出版社，2001.

[30] 张楚廷.教学论纲 [M].北京：高等教育出版社，2008.3.

[31] 王策三.教学论稿 [M].北京：人民教育出版社，1985.

[32] 顾明远.教育大辞典（第一卷）[M].上海：上海教育出版社，1990.

[33] 张楚廷.课程与教学哲学 [M].北京：人民教育出版社，2004.

[34] 陈勃生.职业高等教育导论 [M].长沙：湖南教育出版社，2001.

[35] 谢长法.中国职业教育史 [M].太原：山西教育出版社，2011.

[36] 黄鸿鸿.中国高等职业教育发展道路研究 [M].沈阳：辽宁师范大学出版社，2004.

[37] 刘金桂，史秋衡等.高等职业教育发展研究 [M].厦门：厦门大学出版社，2004.

[38] 上海市教育科学研究院，麦可思研究院.2013 中国高等职业教育人才培养质量年度报告 [M].北京：外语教学与研究出版社，2013.

[39] 中国高等职业技术教育研究会.20 年回阵——高等职业教育的探索与创新 (1985—2005)[M].北京：科学出版社，2006.

[40] 刘铁芳.古典传统的回归与教养性教育的重建 [M].北京：北京师范大学出版社，2010.6.

[41] 张楚廷.教学论纲 [M].北京；高等教育出版社，2008.3.

[42] 柴福洪，陈年友.高等职业教育名词研究 [M].北京：高等教育出版社，2012.9.

[43] 徐平利.职业教育的历史逻辑和哲学基础 [M].南宁：广西师范大学出版社，2010.6.

[44] 米靖.二十世纪中国职业教育学名著选编 [M].北京：教育科学出版社，2011.6.

[45] 柏拉图.理想国 [M].北京：商务印书馆，2007.5.

[46] 德里克·博克.走出象牙塔——现代大学的社会责任 [M].徐小洲，陈军，译.杭州:浙江教育出版社，2001.12.

[47] 琳达·克拉克，克里斯托弗·温奇.职业教育的历史逻辑和哲学基础 [M].翟海魂，译.北京:外语教学与研究出版社，2011.6.

[48] 周建松，唐林伟.中国高等职业教育研究十年 [M].杭州：浙江大学出版社，2012.4.

[49] 周建松.高等职业教育的逻辑 [M].杭州:浙江大学出版社，2011.2.

[50] 席勒.审美教育书简 [M].张玉龙，译.南京:译林出版社，2012.7.

[51] 刘铁芳.守望教育 [M].上海:华东师范大学出版社，2004.10.

[52] 刘铁芳.什么是好的教育——学校教育的哲学阐释 [M].北京:高等教育出版社，20014.8.

[53] 王竹立.碎片与重构:互联网思维重塑大教育 [M].北京:电子工业出版社，2015.3.

[54] 秋山利辉.匠人精神:一流人才育成的30条法则 [M].陈晓丽，译.台北:大块文化出版股份有限公司，2015.3.

[55] 刘旭.从知本到人本:我国大学课程研究范式变革 [M].北京:人民出版社，2011.5.

[56] 李泽厚.论语今读 [M].北京:生活·读书·新知三联书店，2004.3.

[57] 石中英.教育哲学导论 [M].北京:北京师范大学出版社，2002.6.

学位论文类:

[1] 龚森.改革开放以来福建高等职业教育的改革与发展研究 (1979—2011)[D].福州:福建师范大学，2013.6.

[2] 王振如.北京高等职业教育创新与发展研究——以京郊现代化建设为视角 [D].北京:中国农业科学院，2006.6.

[3] 匡瑛.高等职业教育发展与变革之比较研究 [D].上海:华东师范大学，2005.4.

[4] 易元祥.中国高等职业教育的发展研究 [D].武汉:华中科技大学，2004.10.

[5] 万恒．社会分层视野中职业教育价值的再审视 [D]．上海：华东师范大学，2009.4．

[6] 杜利．我国职业教育发展的理论与实证研究 [D]．武汉：武汉理工大学，2008.10．

[7] 张良．职业素质本位的高职教育课程建构研究 [D]．长沙：湖南师范大学，2012.11．

[8] 张成涛．职业美育的价值及其实现初论 [D]．天津：天津大学，2011.5．

[9] 唐林伟．职业教育知识生产研究——基于布迪厄实践理论的分析 [D]．上海：华东师范大学，2010.6．

[10] 樊秀娣．我国高等职业教育的基本建设研究 [D]．上海：华东师范大学，2003.9．

[11] 高建华．互联网时代我国意识形态面临的机遇与挑战研究 [D]．天津：南开大学，2012.5．

[12] 罗江华．教育资源数字化的价值取向研究——基于西部四地两个现代远程教育项目的考察 [D]．重庆：西南大学，2008.7．

[13] 伍正翔．批判与超越——信息技术在基础教育中的价值重构 [D]．长春：东北师范大学，2009.9．

[14] 张轶斌．开放教育资源（OER）国际比较研究 [D]．上海：华东师范大学，2011.7．

[15] 杨满福．开放教育资源（OER）在大学教学中应用的中外比较研究与实践探索 [D]．南京：南京大学，2014.11．

[16] 王东．未来教室的教育功能研究——以 S 市"未来教室变革课堂教学项目"为例 [D]．上海：华东师范大学，2016.7．

期刊论文类：

[1] 陈鹏．20 世纪以来中国职业教育哲学研究综述 [J]．中国职业技术教育，2011（3）：6—10．

[2] 马树超，郭扬．新中国高等职业教育发展改革的非凡成就和经验 [J]．

中国高等教育，2009(17).

[3] 吴高岭.我国高等职业教育的发展史研究 [J].教育理论与实践，2009.

[4] 徐冬香，官卫.培养高职生可持续发展能力初探 [J].文史资料，2006(27).

[5] 姚梅林.培养高职学生的可持续发展能力 [J].高等职业教育，2003(35).

[6] 崔德明.培养高职院校学生可持续发展能力的途径探究 [J].教育与职业，2009(5).

[7] 胡云斗.如何培养高职院校学生的可持续发展能力 [J].中国职业技术教育，2007(11).

[8] 刘春林.以可持续发展理念培养高职学生终身学习能力 [J].无锡职业技术学院学报，2006(12).

[9] 何扬勇.论职业教育与自由教育 [J].比较教育研究，2006(4).

[10] 刘春生，周海燕，米靖.美国基于新职业主义的职教理念及实践 [J].职业技术教育，2006(7).

[11] 许光驰.基于建构理论的高等职业教育教学改革辩证谈 [J].成人教育，2013(6).

[12] 郭晓平.互联网：信息时代教育面临的机遇与挑战 [J].现代远距离教育，2000(4).

[13] 李曙明，技术"人文性"对职业技术教育的启示 [J].复旦教育论坛，2005(4).

[14] 付昌辉.高等职业教育教学改革与建设 [J].成人教育，2005(11).

[15] 韩喜梅.新职业主义研究综述 [J].河南科技学院学报，2013(12).

[16] 杨建立.高职院校教学改革的必要性及其实践探讨 [J].教育与职业，2006(3).

[17] 南旭光."互联网＋"职业教育：逻辑内涵、形成机制及发展路径 [J].职教论坛，2016(1).

[18] 杨成明，张棉好.职业教育发展的社会决定论 [J].教育与职业，2014(29).

[19] 李军.追寻人的价值：当代中国职业教育的哲学反思 [J].河北大学成人教育学院学报，2009，(4).

[20] 卢洁莹,马庆发.论职业教育观嬗变的哲学基础 [J].教育发展研究，2006(12).

[21] 薛栋.精神重建与中国职业教育发展 [J].中国高等教育，2014(8)

[22] 黄日强,张霞.实用性——英国职业教育课程的灵魂 [J].职业教育研究，2004(12).

[23] 孙钰林.实用性——职业教育的"互联网＋"方法论 [J].自然辩证法研究，2016(6).

[24] 周维红,匡瑛."互联网＋"背景下职业院校该怎么教？ [J].职教论坛，2016(19).

[25] 管丹,黄一波."互联网＋高等职业教育"问题探析 [J].职教论坛，2015(33).

[26] 平和光,杜亚丽."互联网＋"教育：机遇、挑战与对策 [J].现代教育管理，2016(1).

[27] 曾晓洁.美国大学 MOOC 的兴起对传统高等教育的挑战 [J].比较教育研究，2014(7).

[28] 谭微智.不教的教育学——"互联网＋"时代教育学的颠覆性创新 [J].教育研究，2016(2).

[29] 郑雅君,陆昉.MOOC3.0:朝向大学本体的教学改革 [J].复旦教育论坛，2014(12).

[30] 杨红旻.MOOCs 对大学教育思想的继承、超越与变革 [J].教育发展研究，2014(7).

[31] 焦炜.MOOCs 背景下我国高等教育教学模式的变革与创新 [J].电化教育研究，2014(4).

[32] 桑新民.MOOCs 热潮下的冷思考 [J].中国高教研究，2014(6).

[33] 杨志坚.泛在学习：在理想与现实之间 [J].开放教育研究，2014(20).

[34] 唐林伟.高职的"MOOC"愿景：可能与路径 [J].教育发展研究，2015(7).

[35] 王一兵 . MOOCs 的灵魂、启示与对策 [J]. 高等教育研究，2014(1).

[36] 刘洪宇 . 现代互联网条件下高等职业教育教学方式探索 [J]. 求索，2016(1).

[37] 朱淑珍 . 国际教育标准分类与我国高等职业教育发展探索 [J]. 中国高教研究，2014(10).

[38] 黄嘉 . 近 30 年我国高职培养目标变迁原因分析 [J]. 教育导刊，2009(5).

[39] 段致平，王升，贾树生 . 论现代职业教育体系下高等职业教育人才培养目标 [J]. 中国职业技术教育，2015(15).

[40] 吴华彪 . 新中国成立前我国高职教育宗旨的基本内涵与现实意义 [J]. 教育与职业，2015(6).

[41] 汤敏骞 . 新制度主义视角下我国高等职业教育政策变迁与启示 [J]. 教育与职业，2015(10).

[42] 薛栋 . 高等职业教育人才培养目的的二元取向及其融合趋向 [J]. 职业技术教育，2015(1).

[43] 鲁洁 . 超越性的存在——兼析病态适应的教育 [J]. 华东师范大学学报（教育科学版），2007(12).

[44] 张梅 . 基于形成性自我评价的大学生终身学习能力培养研究 [J]. 重庆大学学报（社会科学版），2010(16).

[45] 刘红明，刘桂香 . 以学生为主体的高职院校课堂教学评价反思与改进 [J]. 中国职业教育，2016(18).

[46] 赵妍 . 试论教学评价的"老"看点及"新"主张 [J]. 教学与管理，2015(12).

[47] 邓云，张奕 . 发展性历史教学评价的理念价值与实践应用 [J]. 教学与管理，2016(6).

[48] 冯红，张文福 . 从大学生的"精神成人"论大学人文教育的缺失及其矫正 [J]. 黑龙江高教研究，2005(11).

[49] 王石丞 . 强化形成性考核的发展性评价功能 [J]. 中国远程教育，2003(2).

[50] 刘良华 . 从好学生到好人 [J]. 湖南师范大学教育科学学报，

2015(3).

[51] 刘旭东."无立场"的教育认识与人的全面发展 [J]. 西北师大学报，
2010(2).

英文文献：

[1] Graham Attwell .New roles for vocational education and training teachers and trainers in Europe：a new framework for their education [J]. Industrial and Commercial Training，1999，31 (05).

[2] Yanming Li，Xiumei. Zhang.Study on the Higher Vocational Mode Combining Production with Learning and Research Based on AHP[J] International Education Studies，2009.

[3] Liesbeth Baartman，Lotte Ruijs.Comparing students perceived and actual competence in higher vocational education [J]. Assessment & Evaluation in Higher Education，2011 (04).

[4] De Jong Jan A Stavenga，Wierstra Ronny F A，Hermanussen Jose. An exploration of the relationship between academic and experiential learning approaches in vocational education [J]. The British journal of educational psychology，2006，76 (Pt 1).

后记 —— 感恩"无知"与"永恒"

　　十年前,从湖南师范大学教育科学学院教育学专业硕士毕业时,我踌躇满志地宣称,与教育学这个"偶然"结下的半路情缘无限接近于我的性格、气质、能力、志趣等的必然;我甚至"大言不惭"地宣告,在为学读书上,实现了从无知、知之甚少到略知、有所知的转变,实现了从计算、规范、以度量来厘定世界的工具理性到旨在创造和确立人类精神价值的人文理性的转变。

　　十年后,即将从湖南师范大学教育科学学院高等教育学专业博士毕业时,古希腊德尔菲神庙上铭刻的箴言——"自知自己无知",时时回响在我的耳畔、萦绕在我的心头。正是这朝斯夕斯的"无知",启迪我思考、告诫我做一个简朴淡泊、审慎节制、谦卑宽容的爱智之人;正是这念兹在兹的"无知",鞭策我前行,激励我追求"同时拥有完美的形式和完美的内容,同时从事哲学思考和形象创造……把想象的青春性与理性的成年性结合在一种完美的人性里"[①];正是这魂牵梦绕的"无知",催生出一条智慧、情感与灵魂的上升之路,确凿地发掘、培育着我自由奔放、悦动不羁的教育理性,确凿地唤醒、陶冶着我求真、向善与趋美的全部身心。

　　感恩"无知"!

　　无论是青春年少,还是人到中年,始终认为自己天性中含蓄、内敛、沉静

---

　　① 席勒. 审美教育书简 [M]. 张玉能译. 江苏:译林出版社,2012:2.

的因子更多,这些年除极个别的事件能够触发我的思绪和情感之外,大多数都在不经意之中化作于无形。重回湖南师范大学教育科学学院攻读博士学位,正是这极个别的事件之一,让我再一次与众多良师益友相会、相遇、相通,让我再一次真切地感受大学最原初的温情、淡泊、宁静,让我再一次虔敬地感恩万分。

感恩我的导师刘铁芳教授,每一次循循善诱的用心和每一次手把手教诲的温情令我回味无穷。梅贻琦先生曾说,"学校犹水也,师生犹鱼也,其行动犹游泳也,大鱼前导,小鱼尾随,是从游也;从游既久,其濡染观摩之效自不求而至,不为而成"。这段话用至刘老师身上,莫不妥帖契合。刘老师总是将教育置于淡泊宁静的境遇,总是启迪学生在自由和闲暇之中,敞开对真、善、美的追求,总是告诫学生只有在纯粹安宁之时,灵魂的卓越才能够不求而至、不为而成。与刘老师的相知、相往、相交,让我在潜移默化中锤炼了思想,提升了理智,养成了"理解、批判和比较"的思维方式与"凝神静气"的学习习惯;在润物无声中涵育了气质、情趣、灵感与想象。

感恩湖南师范大学教育科学学院的全体老师:大智大慧的张楚廷先生、严谨宽容的孙俊三教授、慈爱优雅的高晓清教授、潇洒飘逸的常思亮教授、才华横溢的雷鸣强教授、朴质博学的张传燧教授、谦逊内秀的刘旭教授……正是他们的潜心教学与无私奉献,让我在高等教育的智慧之河中找寻到了情感依归和精神家园。

感恩我的领导,李斌教授、刘洪宇教授、唐春霞教授、李科教授,他们给予我从事高等职业教育研究与思考的广阔空间,正是这些蕴涵无限可能性的空间使我的心智不断丰满、情感永远真挚。

感恩我的同事,他们在我读博和赴美访学期间,为我分担工作,张菊香老师还为我的博士论文核稿、排版,不厌其烦地付出了巨大心力。

感恩我的同窗学友肖维、张昕、罗明、姚敏、徐芳、曾成栋、吴青峰、林伟红、李应赋,以及师兄、师弟、师妹们的关心与支持。特别是肖维和姚敏,给予我的论文极大的帮助。

感恩我的妻子、儿子、我的父母亲人,妻子的细腻与用情、儿子的依恋与倾心、父母亲人的牵挂与揪心,成为我前行路上的情感寄托和信念支撑。

感恩生命的美好与灵魂的永恒!